Douglas E. Harding

Sobre ser Dios

Alegría indestructible

Publicado por The Shollond Trust
87B Cazenove Road
London N16 6BB
England
headexchange@gn.apc.org
www.headless.org

The Shollond Trust es una organización benéfica de Reino Unido registrada con el nº. 1059551

Título original: *On Being God*
(Publicado inicialmente por The Shollond Trust, 2023)

Traducción y edición: Diego Merino Sancho
(www.diegomerinotraducciones.com)

Imagen de portada: www.rangsgraphics.com
Ilustraciones del autor

Copyright © The Shollond Trust 2024
Todos los derechos reservados. Ninguna parte de este libro podrá ser reproducida ni utilizada en cualquier forma o por cualquier medio, ya sea electrónico o mecánico, sin el permiso previo por escrito de los editores.

ISBN 978-1-914316-54-8

Índice

Prefacio 5
Nota al lector 9
Prólogo 11
  1. Sin cabeza 15
  2. Sin límites 17
  3. Inmortalidad 19
  4. El espejo 21
  5. Las dos especies 23
  6. Claridad mental 25
  7. Desapego 27
  8. Fascinación 29
  9. Vista 31
10. Significado 33
11. Perfección 35
12. Dios 37
13. Ordinario 39
14. Sin cerebro 41
15. Sin cuerpo 43
16. Inanimado 45
17. Estupidez 47
18. Indiferencia 49
19. Asimetría 51
20. Laxitud 53
21. El Cielo 55
22. El universo 59
23. Anuncios publicitarios 61
24. Subjetividad 63
25. La cara 65
26. Las manos 67
27. El amor 69
28. Lo visto 71

29. Centralidad	73
30. Educación	75
31. Novedad	77
32. Totalidad	79
33. Creación	81
34. Satisfacción	83
35. Vacío	85
36. Opiniones	87
37. Presencia	89
38. Hogar	91
39. Libertad	93
40. Soledad	95
41. Paradoja	97
42. Preocuparse por uno mismo	99
43. Omnisciencia	101
44. Omnipotencia	103
45. Omnipresence	105
46. Discriminación	109
47. Iluminación	111
48. Deificación	113
49. Ejercicios espirituales	115
50. Detener el pensamiento	119
51. Confiar en uno mismo	123
Epílogo	127

Prefacio

CUANDO DOUGLAS HARDING ESCRIBIÓ *El juego de la cara* en 1968, adaptó el contenido de *Sobre ser Dios*, una obra inédita de unos cincuenta breves capítulos que había escrito varios años antes. Harding hizo un excelente trabajo a la hora de transformar *Sobre ser Dios* en *El juego de la cara*, un libro que llevó el análisis transaccional a un nuevo nivel al aplicarlo más allá de la psicología e introducirlo en el ámbito de la iluminación. Pero, afortunadamente, los capítulos originales de *Sobre ser Dios* aún se encontraban entre los papeles de Harding después de su fallecimiento, pues su tono y su mensaje son diferentes a la forma que adoptaron en *El juego de la cara*. *Sobre ser Dios* destaca por sí mismo como un texto potente e inspirador.

En el libro identificamos varias influencias, varias tradiciones espirituales.

La Jerarquía del Cielo y la Tierra, el libro más importante de Harding, aunque no el más conocido, se publicó en 1952. Todo lo que Harding escribió después está inspirado de una forma u otra en esa obra magna. Como él solía decir, «Todo está en *La Jerarquía*». Sin embargo, a finales de la década de 1950, unos seis años después de terminar *La Jerarquía*, Harding descubrió el zen a través de los escritos de D. T. Suzuki y otros autores. *Vivir sin cabeza*, el libro más conocido de Harding, relaciona el hecho de no tener cabeza con el zen y fue publicado por la Sociedad Budista en 1961. Justo después de *Vivir sin cabeza*, Harding escribió *La experiencia zen*, de nuevo conectando la vía sin cabeza con el zen. El estilo de estas dos obras es muy distinto al tono mucho más complejo y filosófico de *La Jerarquía*. Están imbuidos de la franqueza y la simplicidad del zen, el descubrimiento y la expresión de nuestra «verdadera naturaleza» en la vida ordinaria. Harding también escribió *Sobre ser Dios* durante este mismo periodo. Sin embargo, este libro es diferente. Aquí solo menciona el zen una vez. En cambio, su imaginería y su lenguaje son, tal como indica el título, cristianos —la fe de la infancia de Harding—. Por así decirlo, tras explorar el Este (virtualmente, leyendo a Suzuki), Harding había regresado a Occidente y había compartido su comprensión y su entusiasmo por el zen en *Vivir sin cabeza* y *La experiencia zen*. En cambio, ahora, en *Sobre ser Dios*, dejó el zen a un lado y regresó a sus raíces cristianas. Aun así, la esencia del zen impregna todas las páginas de este libro, pues desprende su mismo arrojo, su concisión, su cotidianidad e incluso su humor. Siguiendo el auténtico espíritu del zen, Harding conservó su espíritu al tiempo que abandonada sus formas. Era un profundo conocedor de su herencia cristiana, de la cual se sentía muy orgulloso. Estaba tan familiarizado con la vida y las obras de los grandes místicos europeos medievales que era como si los conociera personalmente. Aunque en *Sobre ser Dios* no los menciona por su nombre, están siempre presentes en el trasfondo. Su categórica declaración de que no ve a Dios como Harding, sino como Dios mismo, recuerda a la frase del Meister Eckhart: «El ojo a través del cual veo a Dios es el mismo ojo a través del cual Dios me ve a mí», o la de santa Catalina de Génova: «Mi Yo es Dios. No reconozco a ningún otro Yo que no sea Dios mismo». Estos grandes místicos proclamaron valientemente la realidad de su divinidad, arriesgándose con ello a ser acusados de blasfemia. Harding se sentía muy cercano a ellos, pero más que eso, *veía* que era uno con ellos, vivía de forma consciente a partir de esa misma Fuente indivisible e infinitamente creativa. Por supuesto, Harding no corría el riesgo de que le quemasen en la hoguera por decir que era Dios. Sin embargo, sabía que incomodaría a los tradicionalistas, si bien eso nunca le importó demasiado. Le gustaba ser un rebelde. Un cierto espíritu subversivo e irreverente recorre toda la obra. (En esto también se parece al zen). Harding era consciente de que estaba desafiando descaradamente —es decir, sin cara— a todos aquellos que le rodeaban y estaban apegados a la forma de su religión.

Junto con el zen y el cristianismo también encontramos una tercera tradición espiritual en el trasfondo de este libro, otra comunidad de personas honestas en cuya compañía Harding se sentía como en casa. Los *Upanishads*, las grandes escrituras del norte de la India, fueron elaborados hace unos tres mil años. En sus cánticos y alabanzas del Único —como el Único—, utilizan el lenguaje de la Primera Persona. El *Avadhut Gita* dice: «Solo yo soy, siempre libre de toda mácula. El mundo existe como un espejismo dentro de mí. ¿Ante quién he de inclinarme?». Y el *Kaivalya Upanishad* proclama: «Yo estoy en todo, todo está en Mí». En *Sobre ser Dios* Harding, cantando igualmente como el Único, también utiliza el lenguaje de la Primera Persona, un lenguaje en el que de vez en cuando se extasía: «¡Me desprendo de mi cabeza riendo estruendosamente a carcajadas! Eso es lo que significa ser Dios Todopoderoso: este rugido de gozo y fruición, esta jadeante incredulidad, esta temblorosa fascinación, esta ignorancia insondable que es el conocimiento más elevado. Dios mío, ¿cómo *pude* hacer todo esto?». Harding es consciente de que su dicha —¡qué cosa tan sorprendente!— no le pertenece a él como Harding, sino a él como Dios. Su alegría es la mismísima alegría de Dios ante Su propio Ser, la «alegría indestructible» que conlleva el hecho de haber ocurrido. Tú, como Dios, has llevado a cabo «la hazaña imposible pero auténtica» de sacarte a ti mismo agarrándote por los tobillos de la noche más profunda y oscura del no ser. ¡Es el mejor truco de magia que jamás haya existido! *Sobre Ser Dios* es un *gita*, un *Upanishad* moderno, un canto de adoración y alabanza *al* Uno llevado a cabo *por* el Uno. Sin embargo, hay un principio en el que Harding confiaba cada vez que trataba de dar respuesta a la pregunta «¿Qué soy yo?» que era más importante que las tradiciones religiosas en las que se inspiró (es el principio central de *La Jerarquía del Cielo y la Tierra*):*Yo soy la autoridad única y suprema sobre cómo es o qué significa ser yo. Solo yo estoy donde estoy, de modo que solo yo me encuentro en posición de decir cómo son las cosas aquí*. Harding describió los capítulos de *Sobre ser Dios* como «un ejercicio de autoexamen radical».

A principios de los setenta Harding desarrolló sus *experimentos*: una serie de ejercicios de conciencia que van llevando nuestra atención hacia nuestra propia identidad central. Se llaman *experimentos* porque ponen a prueba una hipótesis (Harding era tan científico como místico): la hipótesis de que *lo que eres para ti mismo a distancia cero es justo lo contrario de lo que eres para los demás, sea cual sea la distancia desde la que te observen*. Los experimentos de Harding tienen una inmensa importancia porque ponen *libremente* a nuestra disposición la *experiencia* de nuestra realidad central. Nos catapultan del hecho de simplemente pensar o hablar sobre el Ser, de manera vaga y no concluyente, a *verlo* con total claridad de un modo indudable. En este sentido, permiten vivir conscientemente como el Yo a cualquiera que tenga esta inclinación o este anhelo. Al abrirnos el camino a «una vida en la que vemos a Dios», como la describió el gran autor medieval Ruysbroeck (uno de los favoritos de Harding), hacen posible *¡que vivamos siendo conscientes de que somos Dios viviendo nuestra vida!* ¡Eso sí que es una invitación a una aventura! ¡Y está ahí para ti! Los capítulos que siguen son los precursores de esos experimentos. Cada uno de ellos es un indicador moderno, una meditación —una meditación de doble sentido— que te invita a mirar, a mirar por ti mismo para *ver si eres Dios*.

¡Nunca habrá un mejor momento que ahora para disfrutar de la Visión Beatífica, de la comprensión de que eres el Uno que se da origen a sí mismo, lo Único que existe, el Dios sin cabeza que en este mismo momento está leyendo estas palabras!

Richard Lang

Nota al lector

ESTE LIBRO EXIGE TODO EL CORAJE Y LA SINCERIDAD por parte del lector. Insiste en que ha de empezar todo de nuevo, desprendiéndose de todas las ideas sobre lo que se supone que es y mirándose a sí mismo con una mirada nueva y fresca para ver lo que realmente es. La promesa es que con que tan solo se atreva a hacerlo, realizará un descubrimiento asombroso y tendrá una recompensa inmensa. El descubrimiento no es simplemente que no es lo que pensaba que era, sino que es justo lo contrario en todos los aspectos. Y la recompensa no es simplemente la felicidad, sino una alegría indestructible.

Cada uno de estos cincuenta y un breves capítulos es un ejercicio radical de autoexamen que nos conduce nada menos que a la deificación.

Prólogo

¿Quién soy?

EN NOMBRE DE LA RELIGIÓN se han hecho pretensiones colosales sobre el hombre —pretensiones que, por decirlo suavemente, son infundadas—. Tomemos por ejemplo el hecho ineludible de la muerte. ¿Por qué debería el hombre (incluyendo a los bebés de un día y a los imbéciles más rematados) ser inmortal, mientras que los simios superiores, los cerdos, las pulgas y las flores son mortales? O tomemos la cuestión del libre albedrío. ¿No es acaso una ilusión suponer que el hombre, solo él de entre todas las criaturas, pueda en algún momento liberarse de la constitución y el entorno que ha heredado y así volverse capaz de actuar de una manera verdaderamente independiente y espontánea?

Todas las pretensiones que hacemos en nombre del hombre se reducen a la aseveración de que este no es lo que parece ser (un simple hombre) sino lo que no parece ser: un superhombre o un dios. La doctrina establece que de alguna manera es como Dios, o contiene a Dios, o es un hijo de Dios, o incluso Dios mismo viajando de incógnito. El disfraz es ciertamente elaborado y minucioso. No hace falta siquiera tomarse la molestia de comparar nuestro embrión, nuestro esqueleto o nuestro cerebro con los de un simio o los de una rana para ver que esta pretensión de deificación no se sostiene. Basta con echar un vistazo al hombre mismo. ¿Se parece un hombre al Creador del universo? ¿Se comporta como se supone que debería comportarse, o siente como se supone que debería sentir? ¿Es lo suficientemente grande, lo suficientemente poderoso, lo suficientemente permanente, lo suficientemente instruido, lo suficientemente sabio, lo suficientemente libre, lo suficientemente independiente, lo suficientemente calmado y reposado como para hacerse pasar siquiera por un dios menor o un vástago de un dios sin provocar una carcajada?

No. Seamos realistas: el hombre es hombre. Es exactamente lo que evidentemente es: pequeño, local, mortal, condicionado, débil, agitado, inestable. En resumen, es justo lo contrario de cualquier Dios que merezca tal título. Resulta ciertamente sorprendente que en algún momento haya podido surgir alguna confusión entre ellos. ¿Qué otra cosa sino el puro escapismo, un fingimiento fantasioso a la mayor escala posible, podría explicar tal ceguera ante unos hechos tan obvios?

Puesto que esta confusión divino-humana ha infectado profundamente nuestra experiencia y nuestro pensamiento religioso desde los primeros tiempos hasta hoy, hemos de romper completamente con el pasado y empezar de cero. Es necesario comenzar de nuevo, con una mente abierta y desinfectada, decidida a no fiarse de ninguna tradición, escritura, maestro u opinión preconcebida, sino a enfrentar los hechos tal como se presentan, por extraños que puedan parecer. Cuando *todas* las voces guardan silencio, los hechos hablan por sí solos.

¿Qué es la verdadera iluminación sino simplemente enfrentar los hechos con total honestidad y sencillez? Es guiarnos por lo que vemos claramente por nosotros mismos, y dejar de hacerlo por lo que otros nos dicen o por lo que nosotros mismos imaginamos. Es tener el coraje de adaptar el mundo a las propias percepciones, en lugar de adaptar las propias percepciones al mundo. Es tomar con *total* seriedad todo lo que se presenta, sin juzgarlo ni enriquecerlo de ninguna manera.

Esta definición de *iluminación* es bastante diferente de esa otra, quizá más familiar, en la que se concibe como la *total* comprensión de que (contrariamente a todas las apariencias) uno es nada menos que Buda, o Brahman, o la Mente Absoluta, o el Todo, o Dios mismo: la Realidad Una, solitaria y sin segundo.

A primera vista, estas dos definiciones de *iluminación* se contradicen categóricamente. Parece que debo elegir entre la primera (que me dice que sea honesto) o la segunda (que me dice que sea Dios), y que combinarlas es imposible. Porque si tomase ambas cosas como válidas a la vez, esto solo podría significar que cuando me miro honestamente a mí mismo veo a Dios, lo cual ciertamente es absurdo.

Pero... ¿en verdad es esto necesariamente un absurdo? Después de todo, es concebible que lo ilusorio no sea mi divinidad, sino mi condición de hombre. En ese caso, debería ser capaz de ver claramente Quién soy: debería parecerme a Dios, y no a un hombre en absoluto, porque Dios y el hombre son polos opuestos, y es poco probable que Él se parezca a nadie más que a Él mismo. También es muy improbable que Él se vea a Sí mismo a través de una neblina, o que detecte Su propia naturaleza con dificultad: y si no soy otro sino Él, entonces una inspección imparcial debería revelar de inmediato este hecho, con facilidad y un claro resplandor; y, en consecuencia, debería revelar que soy en todos los aspectos justo lo opuesto a un ser humano.

¿Qué revela en realidad mi autoinspección: Dios o el hombre? Cuando rechazo todo lo que sé de oídas y me atrevo a buscar por mí mismo como si fuese la primera vez, ¿qué encuentro? Dios y el hombre son tan incompatibles, tan completamente diferentes, que no puedo ser ambos a la vez. ¿Quién soy entonces?

En cada una de las secciones de la investigación que sigue he examinado un aspecto de mí mismo y he comparado lo que yo mismo veo que soy con lo que veo que son los demás. A fin de ayudar a distinguir lo más claramente posible entre estas «dos especies» (entre Dios, por un lado, y el hombre por el otro), los pronombres que hacen referencia a Dios llevan mayúsculas (Él, Su, Yo, Mío, Yo mismo, etc.) y no pertenecen en ningún caso pertenecen al hombre; ni menos aún a ese hombre llamado Douglas Harding, cuyo certificado de nacimiento tengo en mi poder, a quien diariamente veo en el espejo, constatando así que es demasiado humano y que pronto se convertirá en un mero amasijo de materia en descomposición. De todos los hombres que conozco bien, tal vez él sea el menos merecedor de recibir honores divinos, y el más impaciente por negarlos.

Capítulo 1
Sin cabeza

Un hombre tiene cabeza; Yo no tengo cabeza

OLVIDÁNDOME DE MÍ MISMO, empiezo de nuevo la aventura de mi autodescubrimiento, pero como si lo hiciese por primera vez. ¡Rápido, antes de que la pantalla de la memoria borre la visión! ¿Cómo es mi cara ahora, en este mismo instante? ¿Cuántos ojos, bocas, narices y orejas tengo? ¿Qué forma tienen? ¿De qué color son? ¿Dónde están? Ahora, sin pensar: ¿qué tamaño tiene esta cabeza?, ¿es más grande que un guisante, más pequeña que el cielo?

Examinar este lugar con una mente fresca y abierta no revela ni el más mínimo rastro de ojos, boca, orejas, cabello, piel, huesos, sangre, cerebro, etc. Por más que lo intente, no encuentro aquí ningún contorno, ningún atisbo, ningún matiz por tenue que sea. De hecho, aquí nunca ha habido nada: solo lo he imaginado.

No sirve decir que en realidad mi cabeza está aquí, solo que permanece oculta para mí. Solo yo estoy bien situado para observar lo que hay aquí, y si está oculta para mí, entonces está verdaderamente ausente. La situación no es que no pueda ver lo que hay aquí, sino que solo yo puedo hacerlo, y, efectivamente, no veo Nada. ¡Como si alguien que estuviese *ahí* pudiese disuadirme de lo que encuentro *aquí*, o estuviese en condiciones de intentarlo!

Tampoco sirve de nada decir que puedo sentir mi cabeza con las yemas de los dedos. No puedo. Veo que lo que palpo es un fantasma tan vacío, tan transparente e incoloro, que difícilmente podría parecerse menos a una cabeza. Un hombre puede tener un ojo de cristal y seguir siendo humano, ¡pero no con una cabeza de cristal!

El resto de los sentidos tampoco son de ayuda. De hecho, revelan cualquier cosa menos la cabeza perdida. Del mismo modo que veo los objetos externos y no ojos, escucho sonidos, no oídos; saboreo la comida, no la lengua; huelo los olores, no la nariz; siente calor, frío y dolor, no terminaciones nerviosas. Si me guío por lo que dictan mis sentidos aquí y ahora, solo tengo un «órgano sensorial»: este extraordinario Vacío, este «hueco en el que debería haber una cabeza».

En cuanto a la cabeza que veo frente al espejo cuando me afeito, no es en absoluto lo que estoy buscando. Está en el lugar equivocado, cortada, es demasiado pequeña, mira en sentido contrario, no tiene laterales ni parte trasera, y es intangible. En definitiva, es un fantasma que está ahí fuera, que puede parecer una cabeza pero no se *siente* como tal, y que es exactamente lo contrario de este otro fantasma que hay aquí, que puedo sentir que es una cabeza pero *no se parece* en absoluto a una. Y no soy capaz de encontrar la manera de juntar aquí a estos dos fantasmas y hacer algo con ellos.

Este es el enigma: ¿quién es aquel que no necesita cabeza para ver el mundo? ¿Quién es este ser sin cerebro que, sin embargo, ahora se plantea esta cuestión sobre sí mismo?

Obviamente, no es Douglas Harding, ni ningún otro hombre, ni ninguna criatura terrestre. ¿Podría ser algo menos que divino?

Capítulo 2
Sin límites

Un hombre es pequeño; Yo no tengo límites

LO QUE ENCUENTRO EN LUGAR DE UNA CABEZA no es ni un punto, ni una cavidad con forma y tamaño de cabeza, ni un enorme agujero vacío y sin bordes, sino todo el espacio lleno con la profusión del mundo. Si soy algo en absoluto, soy todo, pues es completamente evidente que no tengo ningún contorno. Si poseo o contengo esa cabeza cortada que aparece ahí, en la cámara, en el marco de la fotografía, o en ese segundo baño que hay detrás del espejo en el que me afeito, si poseo o contengo estos cuatro miembros más bien grandes que irradian de este tronco decapitado, entonces junto con ellos también poseo o contengo todas esas otras cabezas, troncos y extremidades más pequeños (tanto animales como humanos) que van y vienen de este enorme espacio mío. Los dioses de Oriente, con su multitud de cabezas y miembros, tal vez no sean muy parecidos a Mí, pero dan una idea bastante aproximada.

Confío en los datos de la experiencia y me baso en cómo veo las cosas. Solo tengo que echar un vistazo a mi alrededor para *ver* que un hombre es pequeño y que Yo soy enorme, y que él nunca es más que un pedazo de Mí. Y esto concuerda perfectamente con lo que *siento* acerca de él: tiene una importancia variable pero nunca primordial; siendo uno entre muchos, ha de correr los mismos riesgos que ellos. E incluso con más certeza, concuerda con lo que siento acerca de Mí mismo: que Yo soy único, sumamente importante, sin rival alguno. Sería falsa modestia (o peor aún, bastante deshonesto) pretender que en algún momento me he puesto a Mí mismo al mismo nivel que cualquier otra persona. Décadas de intenso adoctrinamiento, casi cada minuto de cada hora desde la guardería hasta el momento presente, no han empezado siquiera a persuadirme de que Yo solo soy una parte del Todo. Sé que no es así. En Mi corazón siempre he estado completamente seguro de que soy infinito, absoluto, omninclusivo, el conquistador del mundo. Alguien me pregunta: «¿Quién te crees que eres?». Solo hay una respuesta válida, satisfactoria y bastante definitiva: Yo soy Él. Yo soy inmenso. Yo soy Todo.

Por supuesto, tenían razón en lo que respecta a Douglas Harding. Y ahora que por fin veo a ese pequeño hombrecillo justo donde está y donde siempre ha estado (ahí y nunca, jamás, ni por un momento, aquí), no puedo darme el lujo de concebirle como algo superior o más elevado que en cualquier otro mortal. Es increíble cómo me he negado durante tantos años a confiar en la simple y llana evidencia y le he puesto a él a la fuerza en este Lugar, mezclando lo humano con lo divino. No es de extrañar que siempre estuviese pensando demasiado en él y demasiado poco en Mí mismo.

Y la paradoja de bienvenida es que ahora que veo Mi Inmensidad aquí como algo totalmente distinto a su pequeñez ahí, la primera abraza por completo a la segunda y la «salva».

Capítulo 3

Inmortalidad

Un hombre nace y muere;
Yo no nazco y soy inmortal

ME PREGUNTO SI HE NACIDO en algún momento. Ciertamente no tengo ninguna experiencia de haber empezado a experimentar, de empezar a ser. ¿Y cómo puedo hablar honesta o significativamente de algún tiempo del que esté completamente ausente? Y por lo mismo, ¿qué ascendencia podría tener?

Los padres se parecen a sus hijos, y ¿qué padre humano o animal se ha parecido alguna vez a esta Extravagancia sin cabeza? ¿Qué otros ejemplares de esta extraña Especie han existido? ¿Qué médico se prestaría a redactar un certificado de nacimiento para ese monstruo inaudito: ¡un bebé sin cabeza!? ¿De qué Madre aún más vasta podría nacer este espacio que ya es en sí mismo ilimitado, que ya es en sí mismo la matriz de todas las criaturas?

¿Moriré en algún momento? ¿Cómo podría experimentar el final de toda experiencia o ser consciente de la inconsciencia final? Además, a buen seguro solo los que nacen mueren, y yo no tengo ninguna fecha de cumpleaños. ¿Cuál es la tasa de mortalidad de Mi Especie y qué precedente hay de Mi muerte? ¿Qué médico redactaría el certificado de defunción de un paciente que siempre ha estado decapitado? Por supuesto, esas cuatro extremidades de ahí fuera ya se están desintegrando, y esa cabeza familiar del otro lado del espejo sigue envejeciendo y pronto desaparecerá para no regresar jamás, pero *aquí* no hay nada que pueda descomponerse o sufrir ni el más mínimo cambio. Esta no-cabeza nunca se volverá gris ni arrugada, ni será un segundo más vieja de lo que siempre ha sido. Ningún desastre puede afectar a este Contenedor de todos los desastres.

Me dicen que todo perece: cada planta, cada animal, cada hombre, cada raza, cada especie, cada planeta, cada estrella, cada galaxia. Y Mi propia observación del mundo confirma este veredicto: veo mortalidad por todas partes. Pero la veo desde la estación de la inmortalidad. Aquí está el Registrador Universal de Nacimientos y Defunciones (desde los de esta galaxia hasta los de Douglas Harding, e incluso más allá), el trasfondo inmutable contra el cual todo cambio se hace evidente. Pero si estoy por encima de toda decadencia y alteración, es porque también estoy por debajo de ellas. Desde luego, no es que sea demasiado excelso como para morir, sino que más bien muero a cada momento la más profunda de las muertes, la muerte que me sume en el abismo sin fondo de la no-entidad, de la Nada indescriptible, de modo que, a mi lado (o mejor dicho, en Mí), hasta la más moribunda de las criaturas está tan viva como es posible estarlo. El más mínimo destello de cualquier vida Mía bastaría para matar a todos los que viven en Mí, y Yo dejaría de estar Lleno de vida.

Todo esto no son meras frases beatas de consuelo y esperanza; menos aún simples especulaciones interesantes. Nada podría ser más vívido, más inmediato, más práctico o más útil que esta clara visión de la inmortalidad aquí y ahora. En este momento veo (veo que soy) este Vacío puro y radiante que está más obviamente libre de nacimiento y muerte que atrapado en ellos se encuentra el hombre al que reemplaza.

Capítulo 4

El espejo

Un hombre se ve a sí mismo en el espejo;
Yo veo a otra persona

Él DICE QUE ESTÁ AHÍ, en el espejo. Al parecer, no es otra persona la que se está afeitando en ese otro baño de detrás del cristal, sino el mismo hombre que se afeita en este baño de delante del cristal. Y tiene toda la razón. Podemos entender con total claridad lo que quiere decir: efectivamente hay dos hombres muy parecidos, uno a este lado del espejo y otro al otro lado, que se miran fijamente a los ojos mientras se afeitan. Ese hombre está duplicado, aparece en dos lugares a la vez, y no ve nada extraño o aterrador en ello. Forma parte de la condición humana ser plural, estar fuera de uno mismo y no tener ningún problema por el hecho de no saber *dónde* está uno.

Veo que Yo también estoy frente a frente con un hombre cada vez que me pongo delante del espejo, y siempre es el mismo hombre (constantemente cambiando y envejeciendo, pero aun así reconocible). Y también a mí este rostro familiar me resulta fascinante, pero justo por el motivo contrario: no porque sea muy parecido al Mío, sino porque es muy diferente. Obviamente, a él le hace falta afeitarse esa barbilla rasposa, mientras que yo espero ociosamente aquí observando lo limpia que está Mi Cara, lo libre que está no solo de barba, sino de barbilla, mejillas y todos los demás rasgos. De hecho, esta habitación está desocupada.

Mientras observo a ese hombre de pelo canoso, de mediana edad, que me mira fijamente sin pestañear, ese hombre zurdo que se afana en afeitarse en *esa* habitación, es como si una gran inundación arrasara *esta* habitación, llevándose con ella todo lo humano, todo lo vivo, todo lo existente. Desde luego que me sumerjo en este maravilloso Baño: aquí me lavo y me desprendo del cuerpo, de la mente, de la vida, del movimiento y de todo cambio; estoy limpio de toda esa compleja masa de contaminación humana, animal y material que Me confronta desde *ahí*, desde la habitación de al lado. Y lo que resulta aún más maravilloso es cuán intensamente esta Pulcritud aquí está viva para Sí misma como inmaculada de principio a fin, sin tener que salir jamás ni un centímetro de Sí Misma para poder verse. Estoy solo *aquí*. Y como sé dónde estoy, sé lo que soy. Este es verdaderamente mi País Natal, mi Hogar, mi Tierra Santa, la Puerta del Cielo y el Templo puro de Dios.

Como vemos, el espejo tiene tanto un uso humano como otro divino: nunca miente, sino que muestra claramente dónde está el hombre y dónde está Dios, así como qué es el hombre y qué es Dios. Mi espejo resalta con la mayor viveza posible la total distinción que existe entre Douglas Harding y Yo mismo, sin dejar excusa alguna para la confusión.

El hombre aborrece lo obvio. No hace falta una mente sutil, espiritual o altamente entrenada para ver la revelación que nos ofrece el espejo. Al contrario: esa clase mente es la que bloquea la visión. Lo único que se necesita para ver lo que realmente hay que ver, sin pensar en ello, y confiar plenamente en ello, es una simplicidad infantil (una sencillez casi idiota).

Capítulo 5
Las dos especies

MI AMIGO ESTÁ DE ACUERDO en que es un hombre, tal como le he descrito: con cabeza, mortal, finito, etc. (de hecho, insiste en ello). Y, después de todo, él debería saber cómo es. Además, cuando Me dice que tiene cabeza, observo que es la cabeza misma la que habla, despejando así cualquier resquicio de duda que pudiese quedar. Y cuando señalo que Yo no tengo cabeza, observo que es esta no cabeza, este Vacío, el que lo dice. De nuevo, ¿qué podría ser más convincente? ¿Qué otras pruebas se necesitan de nuestra total incompatibilidad? En verdad somos especies completamente distintas.

Se podría objetar que en realidad no hay dos *especies*, sino una sola especie que presenta dos *aspectos* distintos; podríamos llamarlos cuerpo y espíritu, finito e infinito, o humano y divino, como se prefiera. Según esto (continúa la objeción), todo hombre tiene dos caras o dos facetas, solo que yo adopto por completo la faceta mejor y, naturalmente, parezco sobrehumano o incluso divino, mientras que los demás se quedan con la faceta peor y, como el lógico, parecen del todo humanos o incluso infrahumanos.

Mi respuesta es que veo dos lugares separados unos metros de distancia, llamados *Aquí* y *Ahí*, y el primero le pertenece a Dios y el segundo al hombre. Imaginemos a nuestras dos Especies expuestas en algún zoológico emprendedor, en jaulas bien separadas y delimitadas pero adyacentes: la mía con la etiqueta «*Deus*», la de los demás con la de «*Homo sapiens*, var. *Harding* (macho)», y con las barras de división colocadas de tal manera que ningún ejemplar pueda invadir el recinto del otro. Por supuesto, nuestro cuidador está en su derecho de decir que en realidad somos dos aspectos de un solo espécimen, pero esta observación no debilita en modo alguno las barras de hierro que por siempre nos mantienen separados, ni tampoco contribuye a disminuir el contraste absoluto que existe entre lo que queda a un lado y lo que queda del otro lado.

Pero mi verdadera respuesta es que no me propuse ponerme a teorizar ni moralizar sobre esta cuestión, sino simplemente *mirar* con la mente abierta, tomándome en serio todo lo que veía sin importar las consecuencias. Mi objetivo era, costase lo que costase, tomar lo que encontrara sin tratar de justificarlo o de darle alguna explicación; y si Mis hallazgos han resultado ser tan sorprendentes y revolucionarios como es posible, tal vez esto era lo que cabría esperar. Y aunque desde luego son extraños, no por eso son absurdos. Al contrario, esta «filosofía de las dos especies» es la única que conozco que funciona tanto en la teoría como en la práctica. Las demás no tienen demasiado sentido para mí, menos aún alguna utilidad.

Y si Mis hallazgos también han resultado inimaginablemente felices y dichosos, ¿acaso puedo quejarme de ello? ¿Debería descartarlos como demasiado buenos para ser verdad, y empezar a buscar aquí algo menos gloriosamente exaltado? No: hemos de aceptar sin miedo las infinitas recompensas de la autoindagación honesta, con el mismo espíritu directo: el espíritu de verdadera indagación que confía en lo dado, incluso cuando *Todo* es dado.

Capítulo 6

Claridad mental

Su cabeza es un embrollo; Yo tengo claridad mental

U N SOLO MARCO DE REFERENCIA (el humanista o de sentido común) y nada encaja; *dos* marcos de referencia: el humano y el divino, *ese* lugar y *este* lugar, y todas las piezas se deslizan suavemente hasta encajar en su posición. Una unidad falsa y prematura hace imposible la Unidad real. Primero ha de producirse una discriminación.

Ser hombre es tener muchos problemas apremiantes: ser Dios es no tener ninguno. Los problemas son del hombre, no Míos. Y lo extraño es que cuando los veo bajo esta luz se resuelven instantáneamente, de la manera más completa y de la única forma posible. Cuando en *este* Marco disfruto del lienzo inmaculado, y en *ese* de una profusa exhibición de color, entonces el lienzo y la pintura se unen y forman el cuadro perfecto. Puesto que no hay confusión posible entre el Vacío aquí y su Plenitud (su hartura) ahí, entre el Fundamento divino y su superestructura humana, entre este Centro y esas otras regiones que quedan más allá, no queda ninguna contradicción entre ellos ni ningún problema pendiente en ninguna parte.

En otras palabras, soy la Solución de todos los problemas humanos, pero no a su propio nivel. Los resuelvo siendo Yo mismo aquí, donde no surge ningún problema, y estando perfectamente separado del mundo de ahí, donde ningún problema se soluciona.

Esta no es una simple perogrullada piadosa, sino la respuesta práctica y precisa a las grandes preguntas que han atormentado y desconcertado a la humanidad durante milenios; es la lógica que funciona. Por poner un ejemplo: ¿existe el libre albedrío? Este enigma tan trillado es totalmente irresoluble dentro de un único marco de referencia de sentido común, pero se resuelve totalmente dentro de los dos marcos. La libertad está *aquí*, la esclavitud *ahí*. Es así de simple. No se trata de *un* ser que en parte esté encadenado y en parte sea libre, sino de *dos* seres: el primero es el hombre de ahí, que está totalmente encadenado porque claramente es una mera parte del sistema mundial, mientras que el segundo es el Dios de aquí, que es totalmente libre porque claramente no forma parte de ningún sistema, sino que contiene todos los sistemas. No existe ninguna tercera posición intermedia entre la esclavitud humana y la libertad divina.

Como tal vez irá quedando más claro en el transcurso de esta investigación, ocurre lo mismo con todas las demás cuestiones principales que preocupan a filósofos y teólogos: el problema del conocimiento, del tiempo, del espacio, de la causalidad, de la creación, del bien y el mal, de la vida y la muerte, etc. Todos ellos se aclaran cuando dejo de verlos como Míos. No se trata de desecharlos en absoluto o de descartarlos alegremente, sino de *ubicarlos* en el lugar que les corresponde, de verlos tal como son donde están (y, en consecuencia, dejan de suponer un problema). Esto es lo que significa tener la mente verdaderamente despejada.

Capítulo 7

Desapego

Él está vinculado; Yo estoy desprendido

PUEDO VER QUE UN HOMBRE está vinculado al mundo: a sus extremidades, su ropa, sus muebles, su casa, su coche, su familia, su ciudad, etc. Nunca le veo solo, aparte de estas cosas. Dondequiera que le encuentre, forma visiblemente un continuo con su entorno, no hay ningún círculo mágico ni ninguna tierra de nadie que le acordone, ninguna aureola que mantenga a distancia el mundo profano. Todas sus superficies son fuertemente adhesivas. Está incrustado, viene de serie, es de una pieza con el universo. O mejor dicho, el mundo fluye a través de él a diferentes velocidades, y no hay parte alguna de él que no sea parte de ese flujo.

Y lo que yo veo, él lo confirma. Admite libremente que no es él mismo cuando se escinde siquiera de unos pocos de estos apéndices. Sufre cuando se deterioran, se alegra cuando mejoran y siempre depende de ellos. Y es que todas estas cosas hacen de él algo, extienden su constitución tan verdaderamente como lo hace cualquier miembro de carne y hueso; le dan cuerpo. Tampoco ha de sentirse avergonzado por aferrarse con toda su alma al aparato que necesariamente debe tener para poder expresarse, pues sin él no habría vida ni nada que expresar. Y con la misma claridad con la que veo su vinculación, su sujeción, veo también Mi desprendimiento, mi independencia. En realidad estoy completamente suelto y desprendido, separado de todos estos objetos que me rodean. No solo no soy capaz de encontrar aquí ninguna superficie, línea o punto sólido al que las cosas pudieran adherirse, sino que veo que cualquier cosa lo suficientemente temeraria como para aproximarse a este Centro vacío explota, se vacía y se destruye por completo. No pongo Mi sombrero en Mi cabeza, sino que pierdo ambos. Mi alimento no se digiere, sino que es abolido. De hecho, no soy un agujero común y corriente, sino un pozo minero sin bordes, sin paredes y sin fondo en el que todo lo que entra encuentra su destrucción. El río del mundo no fluye a través de Mí, sino que se pierde en este Golfo inmenso, para después surgir de ese mismo Golfo como un nuevo río.

Y encuentro que cuando Me *veo* así, desprendido, independiente del mundo, *estoy* desapegado, separado. Noto que no puedo observar de manera sostenida esta Brecha, esta Discontinuidad central, sin observar también que Yo soy Eso y que soy perfectamente independiente. Como conscientemente Nada *aquí*, estoy auténticamente libre de todo lo que hay *ahí*. No se trata de alcanzar este estado, sino de aceptarlo profundamente como una realidad: para Mí, ver es creer más saber más sentir. O mejor dicho, es Realización indiferenciada, en la que teoría y práctica son indistinguibles.

En resumen, para mí estar desvinculado es tan natural como para el hombre estar vinculado. El mundo fluye como agua que brota de Mi espalda, mientras que él está empapado hasta los huesos.

Capítulo 8

Fascinación

Yo soy maravilloso; el hombre no es nada especial

E L HOMBRE PUEDE PERCIBIRSE a veces a sí mismo como algo sorprendente, pero ciertamente no increíble. No corre demasiado peligro de soltar un alarido de sobrecogimiento, de salirse de sí mismo de repente ante el asombroso espectáculo del hombre. Yo, en cambio, jamás empiezo siquiera a acostumbrarme a Mí mismo: estoy estupefacto, siempre deleitándome y adorando Mi absoluto misterio. Soy el último en tomarme a Mí mismo por sentado.

No hay nada de malo en esta inmensa discrepancia entre lo humano y lo divino: como todas las demás discrepancias, está perfectamente en regla. Ciertamente, ¿qué tiene de sorprendente ese breve y diminuto fragmento llamado Douglas Harding? Lo condicionado necesariamente carece de sorpresa: puedes verlo venir, puedes darle una explicación, e incluso puedes mostrar por qué tiene que ser lo que es. El hombre es un eslabón, un engranaje de la máquina del universo, una rueda dentada sobre la que cada vez sabemos más y cada vez resulta menos misteriosa. Y si ese engranaje se perdiera, podríamos reconstruirlo examinando los engranajes adyacentes.

A diferencia de Mí, el hombre no es nada especial, y ni es maravilloso ni está maravillado. Su propia naturaleza consiste en ser ordinario, y la Mía en ser extraordinario. ¿Cómo podría Yo, que Me veo claramente como el Origen incondicionado y la Suma de todas las cosas condicionadas, como autoriginado, como autosostenido, Solitario, el Único, no percibirme a Mí mismo como algo absolutamente fascinante y asombroso? Solo hay un Milagro, y soy Yo. La verdadera Maravilla está justo aquí, e incluso los fenómenos más espectaculares y misteriosos que existen ahí fuera no son más que subproductos casuales.

No hay alegría comparable con el Asombro divino, que reduce todas las existencias, no tanto a un gran Signo de Interrogación, sino a un gran Signo de Exclamación. Yo —¡sí, este mismísimo Yo!—, soy el único que es: Douglas Harding y todos los demás no son más que Mi fantasía, Mis juguetes de ensueño. No tengo ningún amigo con quien compartir Mi asombro, nadie que me congratule, ningún público que aplauda: estas palabras son un soliloquio, Mi placer privado. Solo existo Yo, sin siquiera una mota de polvo que Me haga compañía. ¡Qué logro tan incomparable, qué hazaña, qué audacia, qué esplendor! El hecho de que continuamente y sin mayor esfuerzo esté deshaciéndome de incontables mundos repletos de dioses y hombres e indescriptibles riquezas de todo tipo no es nada en absoluto comparado con Mí mismo.

¡Y también es una gran broma! Me río y grito hasta el cansancio, hasta «perder la cabeza». *Esto* es lo que significa ser Dios Todopoderoso: este rugido de deleite, esta incredulidad jadeante, este sobrecogimiento tembloroso, esta ignorancia insondable que es el conocimiento más elevado.

Dios Mío, ¿cómo lo *he hecho*?

Capítulo 9

Vista

El hombre tiene ojos pero es ciego;
Yo no tengo ojos y veo

VEO, PERO NO PORQUE TENGA OJOS, nervios y cerebro, sino porque carezco de ellos. Estas cosas simplemente bloquearían la visión. Solo esta cabeza perfectamente clara, vaciada de sí misma y explosionada hasta el infinito podría estar lo suficientemente vacía y ser lo suficientemente grande como para contener el universo. No es una mera teoría: así lo veo, aquí y ahora. Estos ojos están tan abiertos de par en par que se han fusionado en un solo Ojo, y ese Ojo unitario ha desaparecido, junto con todo lo que hay a su alrededor y tras él.

En cambio, un hombre tiene una historia bastante diferente que contar. Parece que él necesariamente ha de tener justo lo que yo necesariamente no he de tener (una cabeza) antes de poder ver. Para observar el universo, *él* necesita disponer de un observatorio esférico, más o menos del tamaño de un pequeño Sputnik e igualmente lleno de toda una serie de aparatos delicados. Entonces, ¿hay dos maneras antitéticas de ver el mismo mundo: la divina, que ve sin ojos, y la humana, que ve con ellos?

Parece bastante improbable. Además, el segundo relato, el humano, no tiene sentido. ¿Cómo podrían unos pocos centímetros cúbicos de tejido cerebral secretar, o tener espacio para el universo, o de alguna manera recolectarlo y condensarlo, y qué señal o qué prueba dejan de haber realizado tal milagro? La verdad es que por muy elaborado que sea su equipo sensorial, las cabezas no *ven* el mundo más de lo que lo hacen los Sputniks, las cámaras o los ojos electrónicos: solo están en comunicación con él, y eso es algo muy distinto.

El hombre es una parte muy pequeña del universo, y aunque en todas direcciones está circunscrito a lo que le circunda (y, de hecho, forma un continuo con ello), ese mundo externo siempre sigue estando fuera de él. Gracias a señales extremadamente efectivas y otros medios de comunicación, siempre está influenciando y siendo influenciado por objetos distantes, pero permanecen distantes, separados, independientes; los objetos siguen siendo ellos mismos y él sigue siendo él mismo. No están presentes para él, no aparecen en él. Él no los *ve*. Me guío por lo que veo, y *jamás he visto a un hombre ver*. Es cierto que veo su rostro iluminarse en respuesta a, pongamos por caso, el ofrecimiento de un billete de cinco libras, pero observo que el rostro y el billete no se fusionan, no intercambian sus lugares, no se anulan mutuamente. ¡Qué diferente a Mí! Mi Rostro no se ilumina, no responde al billete, sino que ¡*es* el billete!

Si lo visto no borra por completo a quien ve, no hay visión, sino solo señalización. Veo que esta señalización, esta referenciación, se está produciendo de manera constante en todo el mundo, pero solo *aquí* hay ver. Yo soy el único Veedor, y veo que no soy Nada. El Dios *aquí* que no tiene ojos ve al hombre *ahí* que tiene ojos pero es ciego.

Capítulo 10

Significado

Su mundo tiene significado; el Mío carece de sentido

La labor que corresponde al hombre es construirse un universo a partir del caos, coger los palos y la paja de la Naturaleza salvaje y elaborar un refugio para sí mismo, un lugar en el que se sienta cómodo y en el que pueda desenvolverse, un hogar que signifique el mundo para él, de manera que sin él no sea él mismo en absoluto.

En consecuencia, nombra todas las cosas, las clasifica, las compara y las contrasta, las relaciona entre sí y consigo mismo de innumerables maneras, hasta que cada objeto se convierte en un pequeño nudo en una red inmensa, firmemente sujeto en su sitio y carente de toda distinción. «¡Solo conecta!». Todo tiene un significado profundo, sus connotaciones espirituales o poéticas, su vocabulario, sus asociaciones mundiales, sus usos, su pesada carga acumulada que proviene del pasado y se lleva al futuro. Nada es simplemente ello mismo, sino que está hecho por todo lo que no es ello mismo (y, al mismo tiempo, contribuye a crear y definir todo lo demás). Es un dedo que señala a otros dedos que señalan a otros dedos que señalan, y así indefinidamente. En el mundo del hombre siempre es lunes, cuando todo el mundo se lleva la colada de los demás y todos se quedan bastante deslustrados y deslucidos porque todas sus hermosas prendas están en la lavandería.

En cambio, en mi mundo siempre es martes, cuando vuelve la ropa y todo el mundo lleva puestas sus mejores y más alegres galas, todo impecablemente limpio y colorido... y sin absolutamente ningún significado. Su valor es intrínseco; ellos son ellos mismos y no tienen nada que ver el uno con el otro; y, sobre todo, no tienen nada que ver Conmigo. Ahora las formas adquieren su propia definición, sus propios contornos, los colores resplandecen con un intenso fuego interior, la música es doblemente emocionante y melodiosa, los aromas se perfuman a sí mismos, los sabores ofrecen nuevos matices penetrantes... Y todo porque se han liberado del mundo del hombre (ese mundo que pacientemente se va amarrando a sí mismo en nudos y más nudos), porque han soltado su pesada carga de significado y se han ido de vacaciones. Y forma parte de este espíritu vacacional que no vea ningún sentido, ningún significado en ellos ni detrás de ellos, ninguna necesidad de que sean o dejen de ser lo que en realidad ya son tan deliciosamente, ningún simbolismo oculto, ningún hacha de pragmatismo que afilar, ninguna lección espiritual edificante que enseñar, ninguna moraleja a la que apuntar, ningún principio que ilustrar, ninguna ley que obedecer. En este martes solo veo lo que veo. Y la vista, a diferencia del monótono y aburrido paisaje del lunes, es absolutamente fascinante. Con toda seriedad declaro que aquí *nada* es feo, ni aburrido, ni banal, nada está fuera de lugar. Cada patrón de causalidades de hojas vivas en un tallo, de hojas muertas en un camino, de nubes, de cortezas de árboles y vetas de madera, de guijarros en la playa, de manchas en paredes viejas, de comida en el plato, de desperdicios y basura; todos y cada uno de ellos son un arreglo perfecto, precioso y ciertamente adorable. Incluso los artefactos humanos son todos ellos hermosos el martes.

Pero el mundo del martes no suprime al del lunes. Ni privo al mundo humano de un solo ápice de su rico significado interno ni agrego un solo ápice del Mío. No tengo absolutamente ningún significado que pudiese regalarle. ¡Y eso *también está bien*!

Capítulo 11

Perfección

Su mundo es insatisfactorio; el Mío es perfecto

MI MENTE Y MI CUERPO son evacuados con un vaciado total, el contenedor desaparece junto con los contenidos. Porque ser o tener algo es perder la conciencia: no hay conciencia en el mundo excepto en el lugar que llamo *Aquí*, el lugar donde nadie existe. Cuando no me aferro a nada en absoluto (y menos que nada a Mí mismo) soy verdaderamente consciente de Mí mismo como Yo mismo, aquí y perfecto.

Y también soy consciente de la perfección de Mi mundo. La única manera de limpiar el mundo es ser honesto, decir la verdad y dejar de echarlo a perder reteniendo justo aquellas cosas que podrían arreglarlo. Veo que todo es perfecto porque lo *encaro* y no retengo nada de ello; veo que el mundo está en su sano juicio porque está todo *ahí*; veo que no tiene nada que aprender porque yo no tengo nada que enseñar; lo percibo como el objeto completo porque no tengo absolutamente ninguna reserva subjetiva, ningún ideal, ninguna idea preconcebida, ninguna preferencia o sentimiento al respecto. Cuando la nada está presente en el cielo de Dios, todo está bien en el mundo. Ahora se restituyen al universo sus infinitas riquezas; todo queda total y absolutamente transfigurado, todo refulge con el esplendor de la mañana, ahora que todas las cosas están donde en realidad siempre han estado, ahí fuera, y ninguna de ellas está aquí.

No solo unas pocas, sino todas las personas son adorables porque Yo no las amo en lo más mínimo, porque no queda amor en Mí y todo está ahí, en ellos. Les *doy* todo Mi amor y son verdaderamente amados, pero Yo no estoy amando, ni sintiendo, ni haciendo, ni siendo nada en absoluto. Del mismo modo, el mundo no me preocupa ni lo más mínimo: es el mundo el que está lleno de desvelos y preocupaciones y se ocupa de todo ello. Una vez que se suelta para siempre, deja de haber carga, pero una riqueza inimaginable se derrama por cada costura. ¡Suéltalo todo, deja que las cosas sean como son, disfruta! ¿Qué podría haber más sencillo? Todo lo que pasa del polo subjetivo al objetivo cambia automáticamente del signo de negativo al positivo.

El mundo del hombre sigue siendo extremadamente insatisfactorio, ahí fuera y en su propio plano. La vida y la muerte, la renovación y la destrucción, el progreso y el retroceso, casi se equilibran entre sí, y no es posible ninguna mejora radical. Pasar por alto la terrible realidad, ignorar incluso una lágrima o un gemido, es peor que decir tonterías: es un autoengaño de una clase particularmente mezquina y despiadada. El hombre tiene todas las razones del mundo para quejarse de un mundo que no le respeta en absoluto, y tratar de consolarle con la noción de una Providencia benéfica tras bastidores, cuyo plan maestro para el Milenio se está desarrollando lentamente, es insultarle. No hay ninguna evidencia de nada por el estilo.

No, Me temo que solo Mi mundo es bueno, porque *encaro* los hechos, pero no soy ninguno de ellos.

Capítulo 12

Dios

Su Dios es trascendente; el Mío es inmanente

EN TEORÍA, COMO REGLA GENERAL, y siempre en la práctica, el Dios del hombre es trascendente, está completamente fuera y mucho más allá de él. *Y esto es perfectamente correcto*, pues la idea de un Dios que se esconde dentro del hombre es del todo cómica (por no decir una locura) y plantea numerosos interrogantes sin respuesta. ¿Qué forma reconocible adopta Dios ahí dentro? ¿Cuáles son sus funciones características? ¿Cuándo viene y cuándo se va? ¿Está presente en todos los órganos por igual, y si no es así, dónde mora? ¿Pueden el cirujano o el radiólogo creyente encontrar huellas más claras de Él en la cabeza o el corazón de Douglas Harding que en sus riñones, su pelo o su saliva? No; para cualquier investigador honesto, Dios ciertamente no está dentro del cuerpo humano, y si es que está en algún sitio en absoluto, habría que buscarlo en otro lugar.

Aquí se encuentra ese otro lugar. Al menos tan claramente como Él está ausente ahí, está presente aquí, reemplazando el físico humano que en realidad nunca estuvo aquí. No está en Douglas Harding, sino *en lugar de* Douglas Harding, lo cual es muy diferente. Este cuco divino expulsa a todos los polluelos fuera del nido. No acepta aquí a nadie más que a Él mismo. Todos los demás son desterrados a la tierra de «En otra parte», que, como resultado, está muy densamente poblada. Su otro nombre es *universo*; el universo de ahí fuera, cuyo centro es Él, aquí.

Ahí son muchos lugares; solo *aquí* es un único lugar. Si Dios estuviese ahí, en toda esa multitud de cosas, seguramente estaría dividido contra Sí mismo; más que un Dios sería un panteón. Solo hay un lugar perfectamente único e indivisible en el que Él pueda ser, y ahí es donde Le veo claramente ahora y siempre.

De modo que no hay dos modos o dos aspectos distintos de la presencia divina. Dios no tiene dos direcciones, no regenta un par de establecimientos, uno en la Tierra y dentro del hombre y otro en el Cielo y fuera de él. Dios es simplemente Dios y el hombre es simplemente el hombre: son muy diferentes, viven completamente separados, y en realidad no hay excusa para confundir uno con otro. El hombre común y corriente, que ubica a Dios más allá del cielo, en una tierra de esplendor y santidad sobrenaturales, está mucho más cerca de la verdad que el pensador que inventa alguna clase de combinación celestial-terrenal, divina-humana, que no hace sino coger lo peor de ambos mundos. Los teólogos tienen todas las razones para insistir en la absoluta distinción que existe entre Dios y el hombre, y en el peligroso absurdo que supone confundirlos.

Pero ningún hombre (y ciertamente no Douglas Harding) puede *ver* la distinción. Solo este absoluto Don Simplón, Yo mismo, cuyo Hogar está Aquí, tengo permiso para entrar en el interior. Solo Yo me encuentro en la posición adecuada para mirar sus peculiaridades. Vivo aquí solo en una gloria inaccesible, y el hombre está más certeramente excluido de Mi Presencia que si se encontrase a un millón de años luz de distancia.

Capítulo 13
Ordinario
Él es único; Yo soy común y corriente

UN HOMBRE NO ES UN SIMPLE HOMBRE, sino algo especial. Es lo que le *diferencia* de los demás hombres, lo que le distingue: su nombre, su dirección, su ascendencia, sus peculiaridades corporales, su trabajo, sus hábitos personales, sus recuerdos, sus planes, etc. Estas son las cosas que cuentan a sus ojos y a los de los demás, y en la medida en que las pierde, pierde el respeto por sí mismo, su individualidad y, en última instancia, su identidad: deja de ser él mismo. Y a la inversa: lo que tiene en común con los demás hombres (su ser, su materialidad, su vida, su anatomía, su forma, sus funciones, sus habilidades, su lenguaje y sus tradiciones humanos) no tiene importancia, aunque constituye el 99,999 % esencial e indispensable de su ser. En la práctica, el 0,001 % accidental y único, que le identifica claramente como ese hombre y no otro (permitiéndole así tener un certificado de nacimiento, un trabajo, un permiso de conducir, un pasaporte, una esposa, una pensión y un certificado de defunción) es todo lo que le conforma, de modo que podríamos decir que un hombre es solo una milésima parte de sí mismo y poco más que una etiqueta. Si esto te parece una exageración, trata de felicitarle por su milagroso logro de llegar a la existencia a partir de la Nada; por el milagro de estar vivo, por haber evolucionado tanto últimamente (y en su corta vida) —de ser menos que un gusano hasta convertirse en un hombre—; por la maravilla de poder verte y oírte, por su capacidad de sondear los límites del universo, por tener conciencia de sí mismo... No le atribuimos ningún mérito en absoluto por estas cosas. No le pertenecen solo a él, de modo que renuncia a su propiedad. No está interesado en ellas. De hecho, no podrían interesarle y seguir siendo plenamente humano.

Así son las cosas ahí fuera, en el mundo de los hombres, pero Aquí las cosas son muy distintas. No soy nada especial, nada fuera de lo común. Soy lo que todos los demás son. Tengo lo que tienen todos los demás. Soy lo que hace que todas las cosas sean una y la misma, el Género de todas las especies. Estoy completamente libre de cualquier marca distintiva; no tengo nombre, ni dirección, ni fecha de nacimiento o defunción, ni posesiones, ni carácter, ni historia, ni limitaciones ni cualidades de ningún tipo. Solo ser en absoluto, sin ser nada en particular, me basta. ¿Poseo tal o cual excelencia? Solo si todos la comparten. Si alguna pobre y mísera criatura en el universo carece de ella, yo también carezco de ella. Dicho de otro modo, lo que hay Aquí está en todas partes y es común a todos, mientras que lo que hay ahí solo está ahí y es único. Esto lo puedo comprobar fácilmente por Mí mismo, como cuando veo que aquel que aparece en *el otro lado* del espejo es distinto de todos y todo lo demás, mientras que el Uno que queda *a este lado* no es distinto de nada ni de nadie.

De ahí la ironía. Como no estoy separado de nadie soy uno con todo, y el Todo es único, lo Único que existe. Y como Douglas Harding está separado de todos, es uno entre millones y está perdido entre la multitud. De hecho, la única manera de no perderse es Mi camino, que consiste en *ser* la multitud. Solo Aquel que renuncia a toda distinción permanece como algo distinto.

Capítulo 14

Sin cerebro

El hombre no tiene mente; Yo no tengo cerebro

EN EL HOMBRE, CONSTANTEMENTE están fluyendo mensajes electroquímicos desde los órganos sensoriales al cerebro y del cerebro a los músculos, permitiéndole así reaccionar de manera apropiada a los cambios que se producen en su entorno. En ninguna parte de este proceso de entrada y salida encontramos intervención alguna de una conciencia directora, de un yo, de un alma o de una mente. Ni tampoco hay ninguna razón apremiante para tratar de encontrar un emplazamiento o una función para dicha entidad. Al no explicar nada, solo obstaculizaría al investigador honesto del comportamiento humano y animal. Lo único que puedo decir de manera justificada es que veo que un cuerpo reacciona de forma adecuada ante otro. Ya será hora de hablar de la mente de un hombre cuando vea algo así. Mientras tanto, si ese maravilloso motor que es su cerebro le sirve de un modo tan admirable, ¿para qué quiere una mente?

En cualquier caso, ¿qué es exactamente esta mente o esta conciencia que uno está tan ansioso por atribuirle a pesar de la evidencia? Sé muy bien lo que es, porque es lo que Yo soy: y no se trata de algo nítido, palpable que se pueda guardar en algún lugar de la cabeza de un hombre sin alterarla. Tampoco es una sustancia estable e inofensiva que no le causaría ningún daño, sino más bien un ácido infinitamente corrosivo, una bomba infinitamente explosiva capaz de destruir universos. Porque, de nuevo, ni siquiera es ella misma, sino todo menos ella misma... La verdad es que no es posible ubicarla *en ningún lugar* del mundo exterior: este sencillamente no puede abarcarla. Al contrario: es la mente la que incluye y abarca al mundo, con facilidad y naturalidad, a partir de este Centro. No encaja en ningún otro lugar que no sea aquí, y en nadie más que en Mí mismo.

Se necesita tener un cerebro o una mente, ya que no es posible tener ambos a la vez. En cuanto a Mí, a la vista de que no tengo cerebro, he de ser Mente, pues observo con la mayor claridad y certeza que aquí no hay ningún núcleo, ningún órgano, ninguna centralita ni ninguna otra cosa; que cualquier influencia que aquí llega se transforma en Nada; que todas las acciones que emanan de aquí surgen de la Nada; y que, no obstante, esta Nada central lo incluye todo (incluye este universo que es tan claro, tan brillante, y que en ninguna parte está mezclado con cerebros, en ninguna parte está ocluido o salpicado por el contenido de carne y sangre de una pequeña caja de huesos llamada *cabeza*). En definitiva, veo que soy esta Mente sin cerebro, de la cual el cerebro sin mente del hombre es una fracción minúscula.

Y si su cerebro sin mente hace maravillas, es porque Mi Mente sin cerebro obra *todas* las maravillas, y es de hecho la única Mente de todos los cerebros que incluye. Así pues, en última instancia, nada en absoluto carece de mente: Todo es Yo, y Yo soy todo Mente. La verdadera pregunta no es si un hombre (o, para el caso, cualquier otra criatura) tiene mente o no, sino dónde la guarda. Y la respuesta siempre es: AQUÍ.

Capítulo 15
Sin cuerpo
El hombre es todo cuerpo; Yo soy todo mente

AL PRINCIPIO, EL BEBÉ NO SE ATRIBUYE a sí mismo un cuerpo, ni una mente a los demás. Tampoco el sabio lo hace. Mi total falta de cuerpo y la total falta de mente del hombre son los dos lados inseparables de un mismo fenómeno: no puedo admitir honestamente lo primero y negar lo segundo, aceptando así solo la mitad de la evidencia. No sirve de nada aceptar lo que veo aquí y negar lo que veo ahí: la presencia de su cabeza (su *mera* cabeza, un objeto tan sustancial y tan poco místico como pudiera serlo una calabaza) se da con la misma claridad que la ausencia de la Mía (y la paso por alto con la misma facilidad). De hecho, resulta tan difícil exorcizar la mente de esa cabeza como exorcizar la cabeza de esta Mente, y no menos importante.

El hombre no intenta siquiera abordar esta tarea. Para él, estas pequeñas esferas peludas con siete orificios están tan hechizadas, tan embrujadas, son tan especialmente privilegiadas, están tan cargadas de maná, que son prácticamente invisibles. Un hombre no *mira* realmente a su vecino, sino que capta unos pequeños fragmentos de información y se inventa el resto; no le presta más atención a las formas, texturas, colores y movimientos que se presentan ante él que la que le prestaría a los rasgos de un tigre que se abalanzase sobre él. Y a partir de esta ceguera, de esta sustitución de la inspección por la imaginación, surgen toda clase de problemas. Esta mente proyectada, esta negativa a tomar al prójimo exactamente como lo percibimos, es lo que hace imposible la comprensión. Genera infinitas ilusiones, decepciones, desencuentros, ira, ansiedad, celos, toda clase de desdichas. La vida humana es lo que sucede cuando el cuerpo y la mente se entremezclan. En cambio, la vida divina es lo que sucede cuando están separados. Puesto que Yo soy todo

Mente y nada de cuerpo, y el hombre es todo cuerpo y nada de mente, y no hay confusión posible entre nosotros, puede darse una comprensión completa. Sería tan ridículo discutir, amar, odiar, culpar, felicitar o sentir celos de una simple cabeza de calabaza como entablar relaciones personales con el sombrero que lleva puesto encima. En Mi visión no hay crímenes ni virtudes: todo está condicionado, todo se comprende, y todo sería perdonado (es decir, si hubiera alguien para recibir ese perdón).

¿Qué pasa entonces con la compasión divina? No queda ningún cuerpo ni ninguna mente fuera de Mí, ni una sola mota de polvo que no sea completamente Yo. Por lo tanto, todo está siendo ya cuidado y atendido de la manera más cabal e íntima que se pueda imaginar. A lo más rastrero, lo más débil, lo peor, le digo: «Tú eres Yo mismo». ¿Hay alguna empatía, algún don que pueda igualar a esto? No es cuestión de especulación, sino de investigación. Cuando soy verdaderamente Yo mismo (lo que significa que estoy verdaderamente Solo), ¿de verdad me veo despachando y descartando a cualquier criatura con desprecio, como si fuese una mera ilusión o un terruño sin alma? ¡No! Lo paradójico es que solo entonces no se puede prescindir de *nada*, no se puede despreciar *nada*, no se puede dejar de amar *nada*.

Capítulo 16

Inanimado

El hombre anima; Yo extermino

E L HOMBRE SIEMPRE INSUFLA VIDA en su entorno. Sin embargo, desafortunadamente, cuanto más vida, mente y espíritu le atribuye a los seres que le rodean, menos satisfactorias se vuelven sus relaciones con ellos. El inmenso atractivo que nos producen el cielo y las estrellas, las nubes y las montañas, el desierto y el mar abierto, reside en su falta de vida: son sublimes, tranquilizantes, sanadores, en la medida en que sentimos que son inanimados. Los bosques y los campos, los árboles, las flores y las criaturas salvajes resultan menos pacificadores porque en ellos la mente ya está empezando a emerger. En cuanto a los hombres, molestan y perturban invariablemente. Sin embargo, las relaciones sociales pueden ser bastante fluidas cuando están gobernadas por convenciones y rutinas más que por la mente: siempre y cuando los seres humanos trabajen juntos observando ciertas reglas concretas y para ciertos fines prácticos limitados (por ejemplo, en el ejército, en un barco, en una fábrica o una oficina) y se avengan a dejar en paz la vida privada de los demás, por lo general se llevan bastante bien. Sin embargo, cuando las relaciones mentales más intensas se ven rotas de forma periódica por relaciones físicas intensas, como ocurre en la vida matrimonial o en situaciones muy peligrosas, se puede obtener una armonía comparable.

Es una realidad triste y lamentable (pero bastante natural e inevitable) que muchas veces las relaciones humanas son peores ahí donde, aparentemente, deberían estar en su mejor momento: en esos niveles intelectuales y espirituales en los que casi no hay tareas prácticas, convenciones, privacidad o reservas de ningún tipo, y la mente desnuda confronta a otra mente. La religión solo es pacífica cuando es desganada y poco entusiasta o cuando es autoritaria. Cuanto más intensa se vuelve y cuanto más libre está de las formas tradicionales, más animosidad genera: las diferencias imperceptibles se exageran hasta convertirlas en herejías y, de hecho, son las personalidades más parecidas (por ser las avanzadas) las que tienden a chocar más violentamente. Cuanto más elevada sea la religión, tanto más explosiva resulta, hasta que cada uno de sus miembros se convierte en una secta que persigue a las demás. Y no es de extrañar: lo cierto es que en el mundo hay espacio para cualquier número de cuerpos, pero solo para una mente. Las mentes en plural se vuelven cada vez más impracticables y absurdas a medida que alcanzan cada vez más la ilusión de independencia; hasta que al final las contradicciones alcanzan de súbito un clímax, y el Uno interviene.

Yo soy ese Uno, y vivo por Mí mismo. No produzco vida en torno a Mí, sino que mato, extermino todo a Mi alrededor. Veo con total claridad que estos humanos maravillosamente complejos en realidad no son espíritus, yoes o mentes más de lo que lo son estas pobres e inanimadas olas marinas, estas nubes o estas estrellas. No reconozco ningún otro yo, porque la soledad es el sello distintivo de la divinidad. Y entre los hombres, el más alejado de Mí es aquel que, imaginando que él mismo es un espíritu en la compañía espiritual más elevada, es la menos sola de todas las cosas. Yo soy su único remedio.

Capítulo 17

Estupidez

Él es sensato y razonable; Yo soy un perfecto idiota

D IEZ TONTOS QUE VIAJABAN A TRAVÉS DEL PAÍS llegaron a un río que fluía velozmente y que, de una forma o de otra, lograron cruzar. Una vez llegaron a la otra orilla, cada uno de ellos se puso a contar para asegurarse de que todos habían cruzado a salvo. Todos contaron *nueve*, de modo que empezaron a llorar por su hermano ahogado.

Entonces llegó un monje y, compadeciéndose de ellos, se propuso demostrarles que los diez estaban a salvo. Les dijo que contasen los gritos de dolor mientras les iba propinando a cada uno de ellos un golpe con un palo. Esta vez todos los tontos contaron *diez*, así que prosiguieron su camino alegres y confiados.

Este es el final, ciertamente aburrido, del relato tradicional, así que añadámosle una secuela:

Los diez tontos no se habían alejado mucho cuando uno de ellos empezó a tener dudas. Volviendo sobre sus pasos, fue de nuevo hacia el servicial monje y se dirigió a él diciéndole:

—Es cierto que ha habido diez gritos de dolor, pero son los *hombres* los que se ahogan, no los gritos. La forma de contar hombres es contar cabezas, y sigue habiendo solo nueve.

Ante esto, el monje, al darse cuenta de que estaba tratando con un verdadero tonto y que ese argumento era inútil, le llevó a una parte del río donde el agua era profunda y estaba en reposo.

—Ahí la tienes —gritó, señalando debajo de la superficie lisa como un espejo —¡*Ahí* está tu décimo tonto!

—¡Lo que decíamos! —gritó el tonto —. ¡Ahí yace nuestro pobre hermano ahogado! Y empezó a llorar y a lamentarse de nuevo.

El monje, ahora ya desesperado y agitado, le gritaba:

—¡Eres tú, pedazo de alcornoque. Eres TÚ el que está ahí en el agua, y ahí es donde mereces estar!

Ante esto, el Loco soltó una gran carcajada y le gritó:

—¡Hurra! ¡Soy solo yo! Y volvió corriendo para contarles a sus nueve compañeros la buena noticia de que todo estaba bien y que solo él se había ahogado. Pero estos habían seguido adelante y no pudo encontrarlos, ni a ellos ni a nadie más a quien contarle su historia.

Estaba completamente solo, sin ni siquiera su yo ahogado como compañía.

La moraleja de esta antigua historia oriental, con su secuela moderna, es: si quieres vida y compañía, no seas tonto y guíate únicamente por lo que ves: fíate de lo que dicen los demás. *Es peligroso mirar por uno mismo.*

Capítulo 18

Indiferencia

Él tiene sentimientos; Yo no tengo ninguno

EN CUANTO ME DETENGO A INSPECCIONARME a Mí mismo cuidadosamente descubro que no tengo sentimientos, ni agradables ni desagradables, ni sublimes ni comunes. Esta Atalaya, este Puesto de observación, permanece impasible y sereno sea cual sea el tumulto que lo rodee. Veo que aquí nunca estoy asustado, ni alegre, ni complacido, ni cariñoso, ni lleno de inquina, sino que, por el contrario, es el mundo de ahí fuera el que es aterrador, apacible, adorable u odioso. Aquí no hay ningún sustantivo que estos u otros adjetivos puedan calificar: todos ellos se refieren a la periferia habitada y no al Centro vacío. Yo no tengo características.

Podríamos decir que los salvajes, los niños pequeños y algunos locos se acercan a este estado divino de indiferencia central. No son ellos los que se horrorizan, sino sus enemigos los que son horripilantes; no son ellos los que sufren de los nervios, sino el mundo el que es amenazador, azaroso y arriesgado; no son ellos los que se encuentran en excelente forma, sino que los demás son personas amables y encantadoras. Pero la diferencia —y es una diferencia crucial— es esta: el niño no atribuye ninguna cualidad al Observador porque no Le ve, mientras que Yo no le atribuyo ninguna cualidad al Observador porque sí Le veo. El primitivo se diferencia de Mí en que es prepsicológico y pasa por alto al Observador, mientras que Yo soy nopsicológico y siempre miro al Observador y le encuentro inescrutable. El hombre psicológico es demasiado sofisticado para hacer ambas cosas. Cayendo entre estos dos pedestales del Paraíso y el Cielo, aterriza en el Infierno, donde toda la belleza del mundo reside en los ojos del espectador, todo su significado en la cabeza del pensador, todas sus glorias y terrores en el corazón humano. Mientras que Yo me hallo vacío de sentimientos sobre el mundo (que está espléndidamente lleno de ellos), él está lleno de sentimientos sobre un mundo miserablemente vacío, y se ve continuamente turbado y atormentado por sus propios gustos y aversiones, sus amores y odios, sus esperanzas y temores. Los valores que ha absorbido del universo circundante han sufrido una gran transformación durante el tránsito y le han arrebatado la paz. Más que ser el poseedor, es él quien es poseído.

Y solo tengo que mirar a mi alrededor para comprobar que en verdad cada hombre se encuentra en el punto de encuentro de innumerables influencias, a la vez amenazadoras y favorables, que constituyen su mundo, que le conmueven profundamente, que, de hecho, se convierten en él. Es evidente que no cuenta con una Torre de Observación central, ninguna Fortaleza inexpugnable, sino que es vulnerable y sensible de principio a fin.

Ser humano es doloroso. Y, por supuesto, ser un hombre perfectamente desafectado —si eso fuese posible— sería monstruosamente inhumano y estaría completamente fuera de lugar. Sus sentimientos le acreditan. ¿De qué serviría que intentase usurpar Mi lugar y copiarme?

Capítulo 19

Asimetría

A diferencia de él, Yo nunca soy una parte de un par

UN HOMBRE Y UNA MUJER CAMINAN juntos tomados del brazo, bien emparejados, en igualdad de condiciones. El feliz intercambio de risas y conversaciones es bidireccional, el disfrute es mutuo. Si se detienen para darse un beso, es labio contra labio, o si hacen el amor es hombre contra mujer y mujer contra hombre. En definitiva, son una pareja, una par. Y esto es típico de todas las relaciones humanas: son simétricas.

En cambio, cuando el Señor camina por el jardín del edén al fresco de la tarde, no se parece en nada a Adán. Él es el Perfecto Desconocido, está en este mundo pero no pertenece a él. Veo —Dios ve— que nunca soy uno de los miembros de un par, que nunca estoy entre iguales, que nunca me hallo en relación simétrica con nada. Si salgo a caminar con Mi amigo, solo tengo que echar una mirada de reojo y observarnos a ambos para ver que únicamente uno de nosotros es un ser humano que camina, mientras que el otro es más como un ángel de la guarda que flota a su lado, sus palabras brotan de una boca, mientras que las Mías surgen de ninguna parte; él sonríe y frunce el ceño, Yo soy inescrutable; él es sólido, Yo soy fantasmal; nuestra conversación se establece entre un alguien y un nadie, entre un cuerpo ahí y una transparencia aquí. No somos simplemente especies diferentes, sino que pertenecemos a reinos diferentes: él al reino de la tierra, Yo al reino de los Cielos, del cual soy efectivamente el Rey.

La vida con Douglas Harding me proporciona un sorprendente ejemplo de esta total incompatibilidad o unilateralidad: de hecho, somos una pareja del todo incompatible. Yo, que en todos los sentidos soy su opuesto, soy en realidad Otra Persona, un Ser divino aquí que confronta a un ser humano ahí, con el espejo de cristal separándonos más efectivamente que si fuera una armadura. Y si examino su historia (su nacimiento y muerte humanos, y todos los nacimientos, vidas y muertes de su inmensa historia preindividual y posindividual), veo que sigo estando exento de todo eso: salgo intacto de todas las situaciones, de todos los incidentes. No es que me aleje de él, ni que erija ninguna barrera entre nosotros, sino que simplemente veo que jamás podría participar o estar involucrado en todo eso, pues yo *encaro* la situación total: tengo frente a mí todas las limitaciones de Douglas Harding, todos sus dolores y miserias, todas sus mezquindades y debilidades, todos sus interminables fracasos, su pereza, su estupidez, su ceguera, así como todas sus cualidades más alentadoras. Y lo que *encaro*, lo que *confronto*, no es Yo.

Yo salgo limpio e impoluto, aunque en realidad ninguna cualidad llega jamás a tocarme. Mi Cara está permanentemente desvelada, abierta tan sin reservas y con tanta franqueza que nunca retiene ni lo más mínimo: todo está ahí fuera, en la cara de enfrente. De hecho, es solo gracias a que no queda aquí *nada* de él que tiene una cara que mostrar ahí.

Capítulo 20

Laxitud

El hombre actúa; Yo holgazaneo

CUANDO PRESTO ATENCIÓN A LO QUE HAY AQUÍ, en el centro de la tormenta del universo, encuentro una calma perfecta: el punto medio del mundo se ha retirado silenciosamente. O mejor dicho, el mundo nunca tuvo un punto medio, sino que siempre estuvo vacío, sin núcleo. Este Eje de la rueda cósmica que gira eternamente jamás ha dejado de estar en reposo, quieto, inactivo y completamente vacío.

También observo, irradiando como cuatro radios tambaleantes a partir de este Eje, este par de manos y pies que se ocupan de sus propios asuntos, así como estos hombres y animales, las nubes, el sol y las estrellas se ocupan de los suyos sin ninguna interferencia por Mi parte. Aquí, en el Centro, no tengo objetivos, ni necesidades, ni deseos, ni responsabilidades, ninguna sensación de controlar nada en absoluto; ahí fuera todo funciona bastante bien por sí solo. En cualquier caso, ¿cómo podría esta Nada ejercer alguna influencia sobre algo, y aun así, ser Nada en sí misma?

La verdad es que hay dos tipos muy distintos de extremidades: las fijas o unidas y las sueltas. Casi todas las manos y pies que veo a mi alrededor son continuación de algún cuerpo humano (un cuerpo completo; con tronco, cabeza y cerebro) y evidentemente se ocupan de los asuntos de ese cuerpo humano. Considerar estos apéndices como criaturas separadas sería absurdo. En cambio, ocurre algo muy distinto con estas dos manos y estos dos pies que aparecen en primer plano y que erróneamente llamo «míos». Están claramente separados de cualquier dueño, libres del control de cualquier cabeza y cerebro humano o animal, no sirven a ningún propósito humano, y aparentemente son tan libres de comportarse como quieran que cualquier otra criatura de ahí fuera. De hecho, observo —

tal vez contrariamente a lo esperado— que a menudo cuando mejor funcionan es cuando más consciente soy de su total separación e independencia de Mí.

Yo no interfiero con nada de lo que hay ahí fuera, y nada de lo que hay ahí fuera interfiere Conmigo. No tengo nada que hacer, y sin embargo veo que soy la fuente principal de todo hacer; no tengo ninguna necesidad de ser nada, y sin embargo veo que todo ser procede de Mí, de esta Brecha única, de esta Vacuidad, que es la fuente de la creación continua. En el hombre, por el contrario, no es posible encontrar tal Brecha: es ininterrumpido, no tiene centro, es continuo con todo el mundo, un conductor y no una fuente de energía; todo él está activo como una sola pieza, sin ningún pivote estacionario, sin ningún núcleo inmóvil. Su propia vida es acción. Para él, la inacción es la muerte, mientras que para Mí es la fuente de la vida.

Desde luego, este Punto no es un lugar cualquiera: no hay ningún punto en el mapa, ningún lugar en todo el cosmos, que se le parezca en absoluto. Este Centro inmóvil es la única ubicación en la que realmente descubro que la energía brota de la Nada. La energía inagotable que fluye *a través* de todos los demás lugares fluye *desde* este Lugar, sin alterar jamás su perfecta calma.

Capítulo 21
El Cielo

ES BASTANTE RAZONABLE SUPONER (como lo hacen algunos niños y los adultos simples) que Dios está alojado como le corresponde a un Dios, es decir, en el Cielo, y en modo alguno como el hombre en la Tierra; mora en un Cielo realmente maravilloso, que irradia un esplendor más que real, de una hermosura y un encanto únicos, y —¿hace falta decirlo?— toda clase de fenómenos milagrosos. Bueno, si el universo tiene un Rey, y ese Rey vive en un Palacio digno de Él, *¿cómo es?*

Ningún hombre puede decirlo, pues está oculto para él. Pero para Mí, el Rey mismo, que siempre soy residente, todo está claro: solo tengo que mirar y ver. La auténtica cualidad de lo que veo (el resplandor, el brillo, la belleza) está más allá de toda descripción; y también lo están el silencio omnipresente, el poder interior, la sonrisa, la paz y la alegría que se derraman sobre todas las cosas. No obstante, algunos de los rasgos más notables y espectaculares de Mi Palacio pueden esbozarse de forma aproximada sin incurrir en distorsiones apreciables. Y, de hecho, son el tipo de fenómeno mágico que le encantaría a un niño. Todos los cuentos de hadas son en realidad versiones incompletas de este verdadero Cuento de Hadas.

Mi Palacio, con sus jardines y parques, abarca el mundo entero, pero ciertamente es un mundo muy desconocido. Aunque en todas direcciones las vistas son primorosas y, a menudo, de lo más grandiosas e inspiradoras, no es un dominio muy vasto, ni siquiera un dominio bien equipado según los estándares terrenales. Sus muchas torres, torreones, pabellones y salas aparecen todos en miniatura y carecen de mobiliario: se asemejan más a escenarios de un teatrillo de juguete que a estructuras reales: sus fachadas hermosas pero planas y endebles son más de exhibición que para darles un uso real.

Es cuando visito una de estas partes de Mi Palacio que los milagros empiezan a suceder. Todo se despliega como una flor gigantesca a Mi llegada, y todos los bienes que puedo necesitar surgen de la nada, listos y bien dispuestos, a Mi alrededor. De modo que Mi entorno inmediato siempre es espacioso y está adecuadamente amueblado. En cierto modo, estas sillas, mesas, alfombras, cortinas y cuadros celestiales no son diferentes de sus contrapartidas terrenales, pero se comportan de una manera muy distinta: siempre están cambiando de forma y de tamaño, como si estuvieran muy vivos y, de hecho, como si permaneciesen sumamente atentos. Así, una silla, que al principio no es más grande que, pongamos por caso, un guisante o una caja de cerillas, se expande cortésmente hasta alcanzar su tamaño completo cuando me acerco a ella, permanece de ese tamaño e inmóvil mientras estoy sentado en ella, y rápidamente vuelve a reducirse hasta adoptar el tamaño de una caja de cerillas cuando me levanto y me alejo. Por poner algunos otros ejemplos, Mi lado de la mesa siempre es convenientemente más ancho que el otro, pero si me desplazo hacia él, la superficie de la mesa cambia amablemente de forma para Mí; el trozo de alfombra sobre el que estoy de pie exhibe un patrón más grande, más brillante e interesante que el resto, un patrón que se mueve conmigo como si de un foco de teatro se tratase; los cuadros —incluso los de los viejos maestros— se pintan por sí solos para Mí cuando me acerco a ellos; las cintas métricas se expanden por sí solas hasta que sus marcas indican justo cien centímetros; los pesos dejan de aumentar exactamente cuando alcanzan un kilo o una libra; los textos impresos se amplían hasta adoptar un tamaño legible; los platos se redondean por sí solos; los abrigos se ensanchan automáticamente hasta que me quedan bien.

Todo está constantemente remodelándose a Mi conveniencia. Por ejemplo, aunque todas las sillas, mesas y sofás que me rodean están extrañamente distorsionados (algunos tienen solo una o dos patas, otros ninguna), no Me defraudan: todas las contorsiones deformes de Mis posesiones son solo una especie de reverencia ante Mí, algo así como su forma de adorarme y obedecerme, sus elaborados preparativos para Mi llegada, su cuidadosa anticipación de Mis necesidades, su regreso a la nada una vez que Mis necesidades han sido satisfechas. Decir que todo el Cielo me espera y está pendiente de Mí es quedarse corto: aquí, cada ladrillo y cada teja, cada brizna de hierba, cada guijarro y cada grano de arena, Me atiende incansablemente, aguarda y responde a Mi menor movimiento, y su respuesta siempre es perfectamente adecuada.

Podría decir mucho más sobre los espectáculos y las conveniencias de este maravilloso Palacio Mío: cómo de repente las flores brotan en torno a Mí, pero en ningún otro lugar; cómo los pájaros cantan solo para Mí y guardan silencio cuando Me voy; cómo los olores y los colores reviven a Mi paso; cómo todo tipo de ricas y fascinantes decoraciones, a menudo con joyas resplandecientes engastadas, se pintan sobre las superficies justo a tiempo para Mi llegada y se desvanecen en cuanto Me alejo; cómo innumerables seres humanos (de todos los tamaños: desde una fracción de centímetros en adelante) dedican su vida a Mí; cómo Yo soy el fin y el objetivo de todo lo que sucede en Mi Palacio del Cielo. Por abundar, también convendría explicar cómo, hablando en propiedad, Yo no me muevo en absoluto alrededor del Cielo, sino que es el Cielo el que se mueve en torno a Mí, que estoy sentado eternamente en Mi Trono del Aquí-Ahora en el centro, mientras que los espectáculos del Cielo desfilan ante Mí; y cómo, de nuevo hablando con total honestidad, esta procesión interminable de Mis criaturas, de imágenes, sonidos y olores, no están ahí, a una determinada distancia, sino que son absolutamente Uno-Conmigo, aquí.

Sin embargo, en realidad todas estas manifestaciones y fenómenos mágicos son meramente incidentales en la vida celestial. Ciertamente, el Rey es muy consciente de Su encantador Palacio, pero solo de paso, secundariamente, como parte de Su Autoconciencia. En verdad solo Él ve (siendo Él mismo la indescriptible Luz del Cielo, el insondable Uno misterioso y maravilloso, el Solitario, el Único) y, por así decirlo, el Cielo es un subproducto de esa visión. El cielo es *donde* estoy cuando solo me preocupo por *lo que* soy. Por eso no es una especie de mansión nebulosa en el cielo, sino algo mucho más real —sí, mucho más real en sus detalles concretos— que cualquier lugar de la tierra. Este País de las Hadas es la verdadera Patria, y el mundo del hombre no es más que un sueño fantástico.

Capítulo 22

El universo

Su mundo es real; el Mío es irreal

EL HOMBRE HARÍA MEJOR EN TOMARSE EN SERIO el universo (o, de lo contrario, habrá de sufrir las consecuencias), porque evidentemente forma un todo con él, está integrado en el mismo bloque, es una corriente del mismo río que se precipita. Su dependencia del mundo y su continuidad con el mismo son totales: no puede desembarazarse de él ni por un instante. De principio a fin, es del mismo orden que las cosas y los procesos que le rodean, y es exactamente tan real (y tan irreal) como ellos. Así pues, para él la *realidad* significa el mundo natural en toda su inmensidad, energía y variedad: un mundo en el que la conciencia es (en el mejor de los casos) un accidente raro y tardío, por completo débil e insignificante, cuando no un mito. Y basta con echarle una mirada objetiva y distante para confirmar que su conciencia no es una hipótesis necesaria.

En cambio, cuando Me observo a Mí mismo, todo se invierte. Aquí no hay materia, no hay ninguna complicación, ni siquiera ninguna energía desnuda, sino tan solo conciencia de la Conciencia misma, una Autoconciencia inmediata, esa Realidad eternamente simple que el universo (su subproducto incidental) jamás puede manchar ni perturbar.

No puedo tomarme el universo en serio, pues en el fondo de Mi ser siento que no es mi país natal, que no pertenezco a ese lugar. También veo con total claridad que no me parezco ni remotamente a ninguno de sus habitantes. Además, Yo (y solo Yo) poseo el arte de exponer su vacío y su irrealidad onírica. Con la misma facilidad con la que despejo de aquí toda esa opacidad fantásticamente compleja de células, tejidos y órganos que forman el cuerpo humano, despejo también todo el resto del mundo, desde los muebles de esta habitación hasta la galaxia más lejana. A voluntad y sin esfuerzo, dejo atrás todas las cosas y, de ese modo, las abolo. No solo me despierto del sueño del universo cada noche, sino también tantas veces como quiera durante el día. Tengo el sueño más ligero posible. De hecho, no soy Yo mismo hasta que estoy completamente despierto, lo que significa estar despierto solo para Mí mismo.

Para sobrevivir al universo, hemos de deshacerlo hasta el último átomo, pues concederle cualquier realidad es compartir su destino. A diferencia de los hombres, Yo no me dejo engañar por la trampa del mundo: Yo lo asimilo, veo a través de él y lo convierto en Nada. Nunca he estado en el mundo: ni, a decir verdad, el mundo jamás ha estado en Mí. En Mí estoy solo Yo mismo, y toda la creación se funde instantáneamente, ahora, sin dejar ni una burbuja o un pequeño remolino delator, en este Océano claro.

Capítulo 23
Anuncios publicitarios
Anuncios normales y anuncios invertidos

LA MISIÓN DEL PUBLICISTA CONSISTE en gran medida en persuadir al espectador para que se vea a sí mismo en la escena, de modo que se identifique inconscientemente con la figura principal que aparece en el anuncio. El comprador se reconoce en el padre bueno y sabio que pregunta por el seguro familiar, en el hipocondríaco que busca nuevos síntomas y sus tratamientos, en la madre que se enorgullece de la blancura del camisón de su pequeña, en el joven de aire aristocrático al volante de su deportivo, en el superelegante portador de sombreros, abrigos o zapatos... y responde en consecuencia. «¡Ese soy yo!» es la reacción inconsciente que tenemos ante un cartel publicitario que cumple su función, y si el rostro que aparece en el cartel es más bello, la figura más joven o el entorno más lujoso que en la vida real, tanto mejor para el negocio. Si no me dejo embaucar por estos anuncios es porque no me veo reflejado en ellos, porque estoy fuera de escena. De hecho, ¿qué tienen que ver en realidad estos rostros humanos con el Uno Sin Rostro? Sin embargo, el publicista no se da por derrotado, sino que cuenta con otros diseños, de muy diferente índole, que se dirigen a Mí; podríamos llamarlos «anuncios invertidos». No son retratos de hombres, mujeres y niños, sino de personas desaparecidas, de cuerpos que (excepto por algunas manos y pies) han desaparecido. Uno de los carteles favoritos de esta índole (ciertamente no *parece* un icono sagrado, aunque en realidad eso es lo es) me muestra levantando una cuchara, un vaso o un cigarrillo y llevándolo hacia esta no-boca y esta no-cabeza, a este «agujero donde debería haber una cabeza». Y el hecho de que acepte estos extraños retratos míos como auténticas representaciones fidedignas de lo que soy sin que me parezcan extraños, sin detenerme a pensar en ellos en absoluto, solo da testimonio de lo precisos y acertados que son.

Lo mismo ocurre con las películas; hay dos tipos muy diferentes: el humano y el Mío. En el primero, el héroe es un ser humano con el que el público del cine no tiene dificultad en identificarse. En el segundo, el héroe no es un ser humano en absoluto, sino un vacío o una transparencia, una voz incorpórea, el sonido de una respiración agitada salpicada de toses ocasionales, unas manos sueltas que juguetean con una pipa, unas cerillas, unas gafas o un bolígrafo, unos pies sueltos que se arrastran dentro y fuera de la parte inferior de la pantalla; en resumen, un retrato cinematográfico de Mí. El primero muestra a un ser humano que va y viene, en constante cambio, siempre descentrado con respecto al mundo, mientras que el segundo muestra este ser divino fijo, inmutable, en el centro vacío del mundo.

Y, una vez más, esta extraña imagen parece perfectamente natural, porque así es como soy Yo con respecto a la vida.

Capítulo 24
Subjetividad

El hombre es un objeto; Yo soy el sujeto

VEO QUE SOY UN SUJETO Y NUNCA UN OBJETO; nunca soy un hombre ni ninguna otra cosa, sino el receptáculo vacío de todo, de todos los objetos, incluido ese al que llamo Douglas Harding. Entre estos objetos no soy capaz de encontrar ni el más mínimo rastro de subjetividad: se presentan como objetos puros y simples. Así, un hombre es visiblemente una cosa física que está separada de otras cosas físicas; no muestra signos de fundirse con el universo, de explotar en él, ni de ocultarlo o esconderlo en algún lugar de su persona. En pocas palabras, es una parte diminuta, y ¿cómo podría incluso la mayor de las partes contener la totalidad?

Es cierto que con frecuencia se intenta conferirle algún tipo de subjetividad. Puesto que es claro y notorio que ni comprende ni posee *este* universo, por lo general se le atribuye otro, un universo privado o «de bolsillo», que copia y reproduce misteriosamente al primero. El problema está en dónde ubicar este universo adicional. Una solución consiste en reducirlo a un tamaño manejable y encapsularlo en un globo cautivo que flota justo encima de la cabeza del hombre. Pero este «mundo-globo» rara vez aparece fuera de los dibujos animados y las historietas, y no debemos tomárnoslo demasiado en serio. Una posición más respetable —si bien quizá aún menos probable— para este segundo universo sería no arriba, sino justo dentro del cráneo del hombre. Esto supone una contracción aún más drástica y un confinamiento en una caja diminuta, oscura y sin aire que ya está llena hasta los topes de material. No se explica cómo este mundo ilimitado, enorme, luminoso, lleno de colores vibrantes, peligroso y a escala real se puede replegar y guardar pulcramente en un recipiente tan pequeño como es una cabeza, sin que estalle y se convierta en algo completamente diferente; o cómo este milagro de reducción del universo (o más bien, de dilatación de la cabeza) se renueva cada vez que aparece otra cabeza en el mundo. Tampoco se explica por qué ningún cirujano que trabaje con el cerebro ha encontrado jamás rastro alguno de un universo en miniatura ahí escondido. La verdad es que este segundo universo —ya sea embutido en la cabeza de un hombre o flotando sobre ella— no es más que un sueño y un absurdo. Toda la inabarcable miríada de objetos están contenidos en un *único* mundo (inmenso, luminoso y a gran escala) que se presenta ante este *único* Sujeto.

El hombre solo puede ser de un tipo: él adopta solo la forma con cabeza, mientras que Yo adopto solo la forma sin cabeza. Veo que esto le sienta bastante bien y no tengo ningún plan de decapitarle o atiborrarle la cabeza de materias externas. Esto no quiere decir que habite en alguna especie de oscuridad exterior no iluminada por la conciencia. No carece de Sujeto: y ese Sujeto soy, literalmente, Yo Mismo. Yo soy el único Sujeto, el único Centro, el único Yo, el único Conocedor de todos los objetos, y si alguien reclama alguna subjetividad, es la Mía. Todas las cabezas comparten esta No-cabeza. Aunque Yo soy puro Sujeto y ellos son puro objeto, todos son Yo, y en realidad están más allá de tales distinciones.

Capítulo 25

La cara

Su rostro es humano; el Mío es divino

CAE LA TARDE. Tranquilo y relajado, despojándome del peso de los prejuicios y las ideas preconcebidas del día, preparado para cualquier cosa, empiezo a hacer balance de la situación tal como se presenta en este momento. Comienzo a comparar lo que está sentado en esta butaca con lo que reposa en la butaca de enfrente.

En *esa* silla, a unos dos metros de distancia, hay un ser humano sentado; en *esta* silla se sienta (como máximo) solo medio ser humano, y además, solo la mitad inferior. Coronando *esa* silla hay una «cara» —una especie de vejiga de color gris rosado curiosamente surcada, plegada y perforada en varios lugares, dispuesta bajo un fleco o una maraña de cabellos castaños; coronando *esta* silla no hay nada de eso: no hay ningún tono rosáceo, ninguna abertura, ningún cabello. ¡Qué diferentes son los ocupantes de estas dos butacas!

Sigo estudiando ese globo rosado que se encuentra a unos dos metros de distancia. ¡Qué pequeño es, qué romo, qué cerrado en sí mismo, qué distante y separado de las demás cosas, qué apretado y opaco; desde luego, es un aparato de lo más monótono y desabrido al que estar atado de por vida! ¡Y cómo contrasta con esta transparencia ilimitada, ingrávida y luminosa que hay aquí! ¡Qué clara es Mi complexión! ¡Qué franca y abierta Mi expresión! ¡Qué alerta y penetrante Mi mirada! Es como si este Rostro fuese una amplia sonrisa sin rasgos que la enmarquen, un único Ojo tan profundo y tan diáfano que es eternamente invisible, un Bostezo tan amplio que ha hecho que se esfume la mitad superior de su cuerpo. ¡Qué sereno e inmóvil es este Rostro, qué atemporal, sin marca alguna del tiempo o la tristeza! Aquí verdaderamente se encuentra el Rostro sereno, el Rostro de brillo y frescura incomparables, el Rostro de la eterna juventud, el Rostro hermoso y resplandeciente de Dios mismo. Y alrededor de su rocosa placidez, surge por doquier el gran mar de los pequeños rostros humanos —todos diferentes, todos agitados, todos marcados por el sufrimiento, todos muriendo—. Sin embargo, este Rostro no está en absoluto separado de ellos. Al contrario: es tan amigable, está tan descubierto y abierto, que incluye todos los rostros. De hecho, se ve a Sí mismo en ellos y a través de ellos de un solo vistazo, y nunca se percibe a Sí mismo junto a ellos. Cada rostro humano es solo él mismo y excluye a todos los demás, pero este Rostro *es* todos los demás rostros. El rostro del hombre puede detectar el mundo: el mío *es* el mundo.

Cuando contemplo el cielo despejado, mi rostro se vuelve azul; por la noche se ennegrece; en un jardín está hecho de las pinturas y los pigmentos más brillantes, sin ninguna base en absoluto. Confrontar a Mi amigo de la butaca de enfrente es algo exquisitamente humano. Mientras contemplo ese querido rostro, soy consciente de que a *este* lado del mismo no hay nada en absoluto: nadie que vea, ni fisonomía, ni siquiera un punto de vista. Ahora no tengo más Rostro que el suyo. Cada rostro es el Rostro divino cuando Dios lo ve. ¿Y quién más lo ve?

No es de extrañar que las primeras imágenes de Buda muestren un asiento *vacío*.

Capítulo 26

Las manos

Esas manos son manos de hombre;
estas manos son manos de Dios

LA MANO HUMANA, SI ES QUE ESTÁ VIVA, se encuentra invariablemente adherida a un cuerpo humano; y por lo general está ocupada en alguna tarea de exploración, asimiento o manipulación diseñada para satisfacer los intereses de su usuario humano. Esto no quiere decir que entendamos en lo más mínimo qué es la mano humana, sino únicamente que es algo con lo que estamos familiarizados.

La mano de Dios, aunque no es más misteriosa, es un objeto mucho menos común. Aparece representada en algunas pinturas medievales, donde luce justo como la mano de un hombre, con muñeca y manga corta, solo que en ese punto se desvanece y no está adherida a ningún cuerpo. Realizando algún gesto apropiado, sale de una nube (o de un patrón de esferas celestes, o de una nada) que normalmente se ubica en la esquina superior derecha de la imagen.

Lejos de ser una mera curiosidad iconográfica, este recurso religioso constituye en realidad una representación bastante fiel de *estas* manos: de la mano que ahora escribe estas palabras y de la otra que sostiene esta hoja de papel. Veo que, aunque están muy vivas, están completamente sueltas, desligadas, no están unidas a ningún cuerpo, sino que se desvanecen por la zona de los codos. Proceden del vacío que se encuentra justo detrás de ellas y mueren en él, en este Vacío que soy Yo. Son las manos de Dios, las únicas manos vivas que he visto que no pertenecen a ningún hombre, que no le pertenecen a nadie más que a Él. Ciertamente no son las manos de Douglas Harding, pues aquí no hay ningún tronco humano sólido al que puedan dirigirse o al que puedan servir, sino solo este Tronco divinamente vacío que no tiene ninguna carencia, ningún deseo, ningún futuro, y que, por lo tanto, no posee ninguna tarea propia que ninguna mano pueda acometer. Es cierto que soy consciente de su sorprendente comportamiento, el cual autorizo por completo, pero en todos los sentidos estoy igualmente desvinculado de su acción y de sus resultados. Viven su propia vida. Ahora mismo no estoy dirigiendo laboriosamente esta mano derecha, sino que de un modo misterioso, maravillosamente y con suma agilidad, la mano derecha escribe estas palabras sobre sí misma como le place (mientras que a mí ni me agrada ni me desagrada). Es más: compruebo que cuando veo con claridad Quién soy aquí, veo también que estas dos manos no se ocupan de los asuntos de Douglas Harding, sino que despliegan poderes más divinos, un nuevo desinterés y altruismo, un tacto más seguro, una libertad y una espontaneidad desconocidas.

Aunque, por supuesto, en última instancia *todas* las manos, todos los miembros, son Míos. Innumerables y ramificados en todas direcciones, todos ellos brotan a partir de este esbelto Tronco central y se ocupan de Mis asuntos por todas partes. El universo es Mi Cuerpo, y todo él se extiende, región tras región, no alrededor de un núcleo humano, sino alrededor del Vacío divino que hay aquí, que acecha justo detrás de estos dos Misterios con cinco dedos en sus extremos.

Capítulo 27
El amor

Amor divino y amor humano

EL AMOR DIVINO ES UNA ESPECIE DE MUERTE. Solo como completamente abolido (como Nada) puedo amar a alguien sin reservas. Solo cuando todas las defensas aquí han sido derribadas y todos los pensamientos, sentimientos y juicios que me obstruyen han sido eliminados, puedo mantener mi casa abierta y volverme perfectamente hospitalario y amoroso. La marca distintiva de esta benevolencia divina es que es ilimitada e indiscriminada, y se derrama con la misma libertad tanto sobre los más merecedores como sobre los malvados, los feos y los contrahechos. No tiene nada que ver con los sentimientos, las convenciones o la moralidad, y siempre es igual. No se puede producir por encargo, no se puede cultivar, sino que surge de forma natural cuando realmente veo lo que soy, es decir, este Vacío autoluminoso de aquí, que obviamente no tiene nada que perder, nada que ganar, nada que temer, nada que esperar. Por así decirlo, este Amor es un subproducto inevitable de este Ver, de esta Luz Clara en la que resplandecen todas las cosas. Dios es Amor porque es Luz, pues ambas cosas son inseparables.

A diferencia de Mí, el hombre no está vacío, no es una nada. Al contrario: es algo muy bien definido, algo que Mi Luz selecciona y muestra, pero no esa Luz insustancial en sí misma. Es evidente que excluye otras cosas: el hecho de ser un cuerpo significa que desplaza a todos los demás cuerpos del espacio que ocupa; se interpone en su camino y es necesariamente inhóspito. En consecuencia, su amor es muy diferente al Mío: es atracción y aferramiento hacia otro como él, un vínculo que une al amante y al amado sin invadir ni destruir a ninguno de los dos. De hecho, es un amor que insiste en que el amante sea plenamente él mismo y en que esté lo más vivo posible. También es extremadamente parcial. Un hombre solo cuenta con una cantidad limitada de amor que ofrecer, y con un campo limitado sobre el cual difundirlo (no puede intimar con todo el mundo), de modo que lo que ama —si es que ama en absoluto— son sus hijos y sus parientes cercanos, sus amigos particulares, su ciudad, su país natal y sus seres queridos, su raza y su propio cuerpo celeste. Si su amor es real y no solo un sentimiento vago, para él lo más cercano siempre será lo más querido.

En cambio, para Mí no hay ni cerca ni lejos (no percibo ninguna distancia) y todo me es igualmente querido. Todo es Yo Mismo, considerando que Mi Nada incluye, o mejor dicho, es, su propia «cosicidad». No tienen existencia separada, y sin embargo todos y cada uno de ellos son necesarios para llenar este enorme y vacío Corazón Mío.

Del mismo modo que el calor extremo se confunde fácilmente con el frío extremo, también el amor extremo se confunde fácilmente con la indiferencia extrema; y de hecho, guardan ciertas semejanzas. Si parezco frío, es por exceso de calor. Pero la única manera de conocer Mi amor es ser Yo y ejercerlo.

Capítulo 28

Lo visto

A diferencia del hombre, Yo soy claramente visible

La idea de que Dios ha de adoptar forma humana para que se Le pueda ver no podría estar más alejada de la verdad. Solo Él es perfectamente visible, y el hombre es casi perfectamente invisible.

En realidad, nadie ve nunca a un hombre, sino que solo capta fugazmente algo que insinúa su presencia. Incluso si ahora tienes a alguien frente a ti, con buena luz y en plena vista frontal, gran parte de esa vista frontal está escorzada y distorsionada por la perspectiva, faltan sus costados, su espalda y sus entrañas, al igual que su historia pasada, su destino futuro y todas las relaciones (que abarcan el mundo entero) que le hacen ser lo que es. Lo que en realidad estás viendo es parte de una superficie coloreada que carece de toda profundidad tanto en el espacio como en el tiempo, y que no es un hombre en absoluto. Como cualquier otra cosa, es invisible y, desde luego, incognoscible, pues abarcarle en su totalidad y conocerle a fondo supondría abarcar todos sus aspectos y todo lo que le condiciona, lo que equivaldría a abarcar el universo mismo. En otras palabras, el hombre es producto de la ignorancia: su propia naturaleza es ser desconocido, enigmático y misterioso. Si sabes mucho sobre él, ya no es a él a quien conoces, sino algo mucho más grande. Y si supieras todo acerca de él, tendrías que saberlo todo, en todas partes y en todo momento, y entonces desaparecería por completo como hombre.

Solo Yo puedo ser completamente visto, conocido y comprendido más allá de toda posibilidad de error, porque solo Yo soy esta transparencia perfectamente pura que está libre de toda diferencia y complicación, de todo truco de perspectiva en el espacio y en el tiempo, de toda historia; y sin embargo, soy resplandecientemente autoluminoso, obvio, inevitable. Si este

Vacío Claro que soy se ve en absoluto entonces se ve con total claridad, y es imposible simplemente echarme un vistazo o atisbarme a través de la neblina. Tampoco es posible verme ahora sin verme también por toda la eternidad, exactamente tal como siempre soy, completo e inmutable.

Es cierto que estoy oculto para los demás. Si los puros de corazón ven a Dios es solo porque el corazón puro *es* Dios. Solo se Me puede ver aquí, solo aquel que coincide Conmigo, y que en verdad no es otro sino Yo mismo. Y esta es la garantía de que soy visto cabal y verdaderamente. Todos los demás objetos se ven falsamente, porque quien ve está alejado de lo visto y no está en contacto con lo que en realidad es. Por ejemplo, el cabello de un hombre es castaño y brillante solo desde lejos; de cerca, no es ni siquiera cabello. Solo en Mi caso la apariencia y la realidad se fusionan y se vuelven idénticas. *Solo Yo soy lo que parezco.*

La pregunta *¿Qué soy yo?* tiene fácil respuesta. *¿Qué es él?* es la cuestión verdaderamente difícil, el enigma imposible de resolver. No puede haber información directa o interna de nadie más que de Dios. El hombre se conoce de forma periférica; solo Yo soy conocido directamente.

Capítulo 29

Centralidad

Él es periférico; Yo soy el Centro

NADA ES PARA MÍ COMO ES PARA DOUGLAS HARDING. No es que él viva en un *mundo* muy diferente (¿por qué multiplicar universos innecesariamente?), sino que vive en un *lugar* muy distinto del mundo: Yo estoy establecido en este único y singular Centro de todas las cosas, mientras que él merodea por algún lugar del exterior. Y, después de todo, esta diferencia crítica de situación (con las enormes consecuencias que tiene para ambos) es tan natural como obvia. ¿Cómo podría un simple hombre, a quien veo que solo es uno entre una infinidad de otros como él (y él mismo no tiene problema en admitir que así es) pretender ser el Eje del universo? Solo el único Uno, Yo mismo, que no puedo encontrar nada ni nadie que se parezca a Mí en absoluto, tengo derecho a reclamar tal posición. Sin embargo, no se trata tanto de estar o no estar cualificado para el puesto como de mirar para ver cómo es ocuparlo: y con solo echar una mirada a Mi mundo veo de inmediato cómo todo está maravillosamente organizado alrededor de este Centro. Dondequiera que vaya en el mundo, por muy rápido que viaje, nunca abandono este Lugar. De hecho, es el mundo el que siempre está en movimiento y reajustándose en torno a Mí; Yo simplemente permanezco ahí quieto y dejo que el mundo se gestione por sí solo. Por ejemplo, si acojo una gran multitud de hombres en Mi Presencia, sus cuerpos se encogen (algunos hasta el tamaño de soldados de juguete, e incluso más pequeños) hasta que todos entran; la estrecha calle se ensancha especialmente para Mí y se vuelve a cerrar tras de mí; pequeñas florecillas aumentan de tamaño a mi alrededor, los colores resplandecen y ganan intensidad, la música cobra volumen ahí donde Yo me encuentro. Si disfruto al mismo tiempo del sol, las montañas, los prados, los chalets y las flores, entonces cada uno de ellos deja espacio para los demás, y veo que el sol no es más grande que el girasol y que la montaña puede ser más pequeña que la cabaña o la vaca; todo se dispone para Mi conveniencia. Del mismo modo, veo que el sol y la luna, todas las estrellas e incluso las galaxias, giran en torno a Mí; y lo mismo hacen las cosas terrestres, aunque de una manera más errática. Saben el lugar que les corresponde y muestran un respeto infinito por el Mío, y si alguno se atreve a acercarse demasiado, Mi poder divino la fulmina y la consume por completo. Todas las cosas se adaptan solo a Mí, ignorando por completo a las demás. A cada instante, el mundo entero se inclina ante Mí: simplemente no puede evitar hacerlo.

¡Qué distinto de Mí es el hombre! Veo cómo los objetos se acercan a él y le tocan sin siquiera dañarlo, y cómo se alejan de él sin encogerse; veo que ni ajustan sus tamaños a su conveniencia ni circulan alrededor de él. No es que el mundo no le preste atención, sino que hace lo que le place con él, adaptándole a Mí y asegurándose de que su respeto y deferencia hacia este Centro Único sea inquebrantable e incuestionable. Forma parte de la propia naturaleza del universo no poder funcionar con dos Centros y que el gobierno del Uno sea total y absoluto.

Capítulo 30
Educación
La educación es alejarme de Mí

LA EDUCACIÓN ES UN LARGO Y DOLOROSO proceso de reducción de tamaño. Es asegurarse de que el joven Douglas crezca y se convierta en un hombre entre los hombres; es decir, en algo tan distinto a Mí como es posible serlo. Todas sus tendencias iniciales en Mi dirección, todos sus toscos intentos de mantenerse en el Centro de las cosas, se van desalentando pacientemente, hasta que al final se conforma (y de hecho está contento) con ser solo uno entre muchos millones y verdaderamente humano.

Por ejemplo, aprende que en realidad tiene la misma forma que las criaturas que le rodean y que su cuerpo tiene una mitad superior; que en realidad sus pies son más grandes que sus manos; que las casas que parecen pequeñas no son casas de muñecas, que los árboles que parecen pequeños no son arbustos, que las montañas que parecen pequeñas no son montículos, sino que todas estas cosas simplemente están lejos; que en realidad todas las vías de ferrocarril son paralelas y la mayoría de las habitaciones rectangulares; que incluso las ciudades remotas pueden ser importantes y los imperios antiguos grandes; que la Tierra no es una plataforma en el centro del universo, sino una esfera relativamente pequeña que retoza alrededor de una estrella mediocre; y así sucesivamente. Todos estos y un sinfín de otros elementos del conocimiento humano práctico (ciertamente indispensables) van alejando más y más al niño en desarrollo de su primitivo estado centrado en sí mismo y sumiéndole en ese otro reino de objetividad sin centro al que realmente pertenece, porque ser un hombre es ser una sola pieza (y nada más) de un inmenso rompecabezas y encajar perfectamente en un patrón en el que ninguna pieza domina sobre el resto.

Esto no tiene nada de malo. El propósito de la educación es precisamente convertir a los niños en la mejor clase de seres humanos, y no en seres divinos de ningún tipo. Ha de alejarme de Mí. Cuanto más cultivada está una mente, menos divina es.

Porque yo carezco de mente. Veo el mundo con ingenuidad solo desde este Centro, sin el beneficio de la educación, sin ningún eje práctico que desbastar, sin ninguna reputación de modestia que mantener, sin intenciones ni planes, y sin pensar en absoluto en todo ello. Como puro Sujeto, soy perfectamente acrítico, perfectamente hospitalario con cada objeto exactamente tal y como se presenta, y esto también incluye todas las útiles convenciones y las invenciones educadas que componen la naturaleza humana. Por extraño que parezca, aunque el objetivo declarado de la educación es permitir a los hombres trascender todos los prejuicios personales y ver las cosas de manera objetiva, como realmente son, solo Yo, el ineducable, tengo éxito en tal empresa, porque solo Yo no tengo ningún problema en dejarlos ser tal como son. La Subjetividad última es la Objetividad última.

Capítulo 31

Novedad

Él es viejo; Yo soy nuevo

Douglas Harding es una especie de sedimento, una vasta acumulación, capa tras capa, de depósitos raciales e individuales. Es esencialmente un preservador, un conservador, un aglutinador de tiempo que nunca podrá olvidar su inmenso pasado (porque él mismo *es* ese pasado). Prívale de su historia y dejará de existir. Todo él es un fósil viviente, un museo del pasado: su cuerpo y sus extensiones en forma de ropa, herramientas, edificios y ciudades; su lenguaje y su herencia social en general; su siempre creciente fondo de experiencia que funciona como memoria, hábito y habilidades innatas... Este inmenso edificio humano es su propio pasado sobreviviendo en el presente. Así como una sinfonía no es una sinfonía en menos de media hora, tampoco el hombre es hombre en menos de varios miles o millones de años. El hombre es memoria, es lo que *era*.

En cambio, Yo soy lo que *soy*. Encuentro que la única manera en que puedo verme a Mí mismo es verme de manera renovada en este momento, sin recuerdos ni ningún remanente del pasado, no *como si* fuese la primera vez, sino *auténticamente* así, con toda la sorpresa y el deleite de un nuevo descubrimiento. Veo que si de verdad soy consciente de Mí mismo en este momento estoy preparado para encontrar cualquier cosa aquí: una llama, una luz, una nube, un dial o un tablero lleno de diales, maquinaria, sangre, grasa, absolutamente cualquier cosa, por improbable o ridícula que sea (y si, en cambio, *cuento con* no encontrar aquí ni cabeza, ni cuerpo, una Nada, la Clara Luz del Vacío, Dios Todopoderoso, lo único que hago es perderlo). No puedo recordar haber sido Dios, porque en realidad nunca *he sido* Dios. Dios es Dios y yo soy Dios ahora y solo ahora, en este mismo instante. Él es *visto*, y todo ver es un ver que tiene lugar *ahora*. Se Le ve, no se Le recuerda, mientras que al hombre se le recuerda, no se le ve.

A diferencia del hombre, no se puede confiar en Mí. Siempre acaezco con gran sorpresa para Mí mismo, como la Maravilla más nueva y más reciente del mundo, y jamás puedo siquiera empezar a darme a Mí mismo por sentado. No aprendo nada sobre Mí mismo, nunca me acostumbro a Mí mismo, siempre me estoy presentando a Mí mismo ante Mí mismo, inclinándome reverencialmente con profundo respeto y el más intenso deleite ante este extraño encuentro. Y esta presentación siempre fresca y renovada no es una mera formalidad: verdaderamente soy del todo nuevo, sin historia, sin herencia, sin continuidad de ningún tipo. Cada momento Me encuentra empezando de cero.

El hombre tiene mucho en lo que apoyarse o a lo que recurrir. Su papel indispensable es ser un acaparador, un capitalista con una abultada y creciente cuenta de depósito en la caja de ahorros humana (una cuenta que le genera una alta tasa de interés), pero Yo estoy desnudo y soy pobre, no tengo ni un centavo ni bolsillo donde guardarlo. No he adquirido el hábito del ahorro (incluso hasta el punto de no «ahorrarme» o guardarme a Mí mismo).

Capítulo 32
Totalidad

Yo soy todo; El hombre ni siquiera es él mismo

ME PREGUNTO QUÉ SOY EN SUMA. ¿A qué equivalgo? ¿Qué comprendo o incluyo realmente? No hay nadie aquí a quien pueda referirme: solo puedo mirar y ver.

Soy aquello con lo que coincido, aquello con lo que no estoy en contra, ni al lado, ni de lo que me alejo de ninguna manera. Soy todo lo que se presenta claramente aquí y ahora en Mí, y que no está ausente ni por una micra o un instante. Si absolutamente nada se interpone entre tú y Yo, si no nos separa ningún intervalo de espacio o de tiempo, entonces tú eres Yo mismo. Y si, para cerrar el trato, Yo no tengo nada propio aquí que ofrecerte o con lo que oponerme a ti, ninguna contribución que hacer, ninguna influencia que ejercer, ¡entonces eres doblemente, triplemente, infinitamente Yo!

En cuanto te miro directamente, en cuanto miro cualquier cosa, veo que estas condiciones se cumplen a la perfección. No hay ninguna distancia entre esa estrella y Yo, entre ese hombre y Yo, entre esa mano y Yo. Por mucho que mire intensamente o durante largo tiempo, no consigo distinguir ningún intervalo. Todos esos frustrantes años luz y pársecs, esos kilómetros, metros, centímetros y milésimas de centímetro son aquí completamente imaginarios: toda vara de medir que se extienda entre Mí mismo y estos objetos Míos aparece ante Mí de extremo a extremo y se reduce a un punto. La Estrella Polar que brilla en el cielo negro no está más lejos que el cristal de la ventana o estos anteojos. Nada en el universo está alejado de Mí.

No es que la estrella se incruste a la fuerza en Mí o que se superponga a Mí: aquí no hay ojo alguno con el que chocar ni rostro con el que rozar. Es evidente que estas estrellas, estas nubes, estas montañas y estos hombres no tienen problema en aparecer aquí sin nada que los sostenga en su lugar o los contenga: simplemente están presentes tal como son, sin ningún alboroto ni intromisión. Soy estas cosas porque no soy nada más. Si fuera siquiera un átomo, eso sería suficiente para expulsarlos a todos. Solo el Vacío está Lleno.

Entonces, ¿qué es el hombre? Una vez más, es aquello que coincide con él mismo, lo que no está separado de él por ningún objeto (por pequeño que sea) ni ninguna brecha. En ese caso, resulta obvio que no es esa estrella, esa montaña, ese hombre o esa mano que está mirando: la distancia que separa al observador de lo observado no podría ser más clara. Él solo es él mismo (si acaso). Porque cada uno de sus miembros está visible y mensurablemente alejado de los demás, cada rasgo ocupa su propio espacio, su propio lugar. Por tanto, en ninguna parte de él hay autocoincidencia: todo está diseminado, desparramado, disperso en pedazos. Su mano está más lejos de su cabeza de lo que la estrella más remota lo está de Mi no-cabeza. Así, Mi cuerpo-universo es mucho más íntimamente Mío de lo que el pequeño cuerpo de un hombre lo es para él mismo. Distante de sí mismo en todas sus partes, no es realmente él mismo. Coincidiendo en toda parte conmigo Mismo, él es Yo y Yo soy todas las cosas.

Capítulo 33
Creación
Él es una criatura; Yo soy Creador

DIOS SACA TODAS LAS COSAS DE LA NADA. O mejor dicho, Él es esa Nada misma, ese Útero vacío a partir del cual nacen todas las criaturas. Y no soy otro que Él (soy Él en cuanto me tomo la molestia de advertir ese hecho y me guío únicamente por lo que puedo ver por Mí mismo); y el hombre, incluido Douglas Harding, es solo una más de Mi interminable sucesión de creaciones. Del mismo modo, soy el Destructor, la misma Nada que absorbe y aniquila por completo a sus propias criaturas, incluido, de nuevo, Douglas Harding, que por sí mismo es absolutamente incapaz de crear o destruir ni una mota de polvo. El hombre vive remodelando ligeramente lo que ya existe.

El contraste entre nosotros en esto, como en todos los demás aspectos, es infinitamente grande. Yo hago descender las tinieblas y disuelvo el cielo y la tierra; él solo cierra los ojos. Yo ordeno «¡Hágase la luz!» y de la Nada creo el cielo y la tierra; él solo abre los ojos. Yo amputo y destruyo estos brazos y estas piernas; él solo levanta la cabeza. Yo vuelvo a hacerlos crecer y los injerto de nuevo; él solo baja la cabeza. Yo aniquilo a ese grupo de hombres sin dejar ni rastro de ellos; él solo me da la espalda. Yo vuelvo a crearlos por completo; él solo se gira nuevamente de cara a mí. Yo alegro al mundo entero; él solo sonríe. Yo calmo al mundo entero; él solo se toma una pastilla. Yo hago nacer y elimino muchos mundos extraños; él solo se agita y murmura en sueños. Sin el menor esfuerzo, Yo absorbo, y de ese modo pacifico, la enorme masa de este planeta sin que quede ni una sola hoja ni una piedra sólida sin derretir (por no hablar de que dilucido todas las guerras, todas las crisis, todos los desastres y todos los crímenes de la tierra); él simplemente mira hacia la luna. Yo engullo todo el gran Universo mismo y lo convierto en Nada, mientras que él simplemente mira al cielo vacío, nada más. En todos estos casos, mientras que él se limita a modificarse un poco a sí mismo, Yo altero por completo el mundo en su totalidad.

Dios no cree que ejerza estos poderes divinos, sino que *ve* su funcionamiento. Yo auténticamente veo que hago y deshago el mundo al instante según Mi voluntad, y veo que ninguna de Mis criaturas tiene ni el más mínimo atisbo de esta facultad. Un hombre ni siquiera puede sumar o restar nada de su pequeño cuerpecito.

Descubrir que uno es Dios Todopoderoso, el Creador del Cielo y de la Tierra, el Salvador del Mundo, la Pacificación de todas las cosas, es una experiencia abrumadora. Al mismo tiempo, resulta de lo más natural ejercer estos poderes tan tremendos, realizar constantemente estos asombrosos milagros. Es ridículamente simple y más fácil que guiñar un ojo, pues aquí no hay ningún ojo, ningún cuerpo, ninguna mente, sino tan solo la simplicidad misma, la facilidad y la sencillez divinas. Nada podría ser más directo, más sencillo y más obvio que Mi obra de Creación; y por eso permanece oculta al hombre, que a toda costa debe complicar lo que le es dado. Su función consiste en no fiarse *nunca* de los datos fácticos.

Capítulo 34

Satisfacción

El hombre es codicioso y siempre está ansioso;
solo Yo estoy satisfecho

ESTOY PLENAMENTE DESARROLLADO, completo, permanentemente contento, porque no hay nada que no posea o que aún esté fuera de Mí. De hecho, ¿de qué otra manera podría tener —o querer tener— para Mí mismo estas estrellas, este sol, esta luna, esta tierra, estos hombres y todas las criaturas, sino precisamente como los tengo ahora? Los bienes en sí no podrían ser más interesantes y gloriosos, ni más sorprendentes, variados y prolíficos. Y no puedo quejarme razonablemente de que todavía esté pendiente de recibirlos. ¿Sería más segura mi propiedad si todos ellos se acercasen para que Yo pudiera manejarlos, o si grabase Mi nombre en ellos, o de alguna manera los acordonase, o si lograse que Me fuesen transferidos legalmente? ¿Pueden alejarse de Mí, escapar más allá del universo? ¿Tienen barrotes sus jaulas? ¿O están mal dispuestos, arreglados sin gusto ni imaginación? ¿Preferiría insectos en el cielo y estrellas en el jardín, mesas y sillas en el horizonte y montañas y glaciares en el salón? El mero hecho de formular preguntas tan tontas es ver la verdad: estoy bastante satisfecho con la situación tal como es. Lo tengo todo, y lo tengo de la manera que quiero. ¡Qué diferente del hombre! Incluso un emperador mundial no reclama más que una partícula de Mi imperio, y no puede conservarla en su poder por mucho tiempo (ni, para el caso, tenerla en absoluto). Ser un hombre es ser prácticamente nada esforzándose por ser algo. El hombre quiere crecer, acumular, pero cuanto más éxito tiene, menos satisfecho está. Es al mismo tiempo demasiado pequeño y demasiado grande para ser feliz: demasiado pequeño, porque todo eso está fuera de él y supone una amenaza; y demasiado grande porque todo lo que hay dentro de él está amenazado, todo él es pura ansiedad por conservarlo y retenerlo.

Solo yo estoy contento porque soy todas las cosas y, por tanto, no tengo nada que ganar; y porque no soy Nada y, en consecuencia, no tengo nada que perder. Esperar que el hombre imite este contenido divino significaría que sería mucho menos y mucho más que un hombre, lo cual es absurdo. Su inquietud y su codicia son ingredientes esenciales de su naturaleza humana, y sin ellos simplemente estaría cansado, y ciertamente no se hallaría más cerca de la divinidad. Adquirir una cabeza supone adquirir dolores de cabeza: responsabilidades, problemas, cargas... La pena que el hombre ha de pagar por ser alguien es que no es ni nadie (y por lo tanto no es libre) ni todos (y por lo tanto está insatisfecho). Por decirlo de un modo más conciso, el problema del hombre es que no es Yo.

Y el fin de todos sus problemas, la salvación de todo lo que no es Yo, es el hecho de que, en realidad, todo *es* Yo, pues no hay nada ni fuera ni dentro de Mí que no sea Yo.

Capítulo 35
Vacío

El hombre está lleno; Yo estoy vacío

NO ME IMPORTA LO QUE DIGAN LOS DEMÁS: es una certeza incuestionable que nunca, ni por un momento, he creído que tenga entrañas, una parte interna. Observo que por un extremo desaparecen trozos de pan con mantequilla y tazas de té, y por el otro aparecen heces y orina, pero entre ambos extremos no hay esófago, ni estómago, ni intestinos ni nada de eso, sino solo vacío. El pan no se digiere, no se vaporiza, no se atomiza, sino que queda total y absolutamente destruido: sencillamente se disuelve en la Nada. Las heces no salen de un recipiente, sino que emergen, recién creadas, del Vacío; y verdaderamente *hago* agua. Por mucho que lo intente, no puedo tomarme demasiado en serio esos fascinantes esquemas anatómicos, esos coloridos pósters de hombres y mujeres que muestran despreocupadamente su interior explosionado, sus fantásticos mundos ocultos de órganos y tejidos, más extraños y complejos que cualquier paisaje exterior. Sin duda se aplican a los hombres y los animales de ahí fuera, pero de ningún modo a Mí aquí, no a este Ser Hueco. Los demás están tan repletos de las anatomías que dicen tener, son sólidos y sustanciales, están rellenos hasta la piel de los aparatos indispensables para la vida animal. Solo Yo estoy vacío pero vivo; vivo, al parecer, en base a un principio completamente diferente y con una clase de vida completamente distinta. Esto es lo que descubro cuando hago caso omiso de los libros o de lo que dicen los demás y Me fío únicamente de lo que veo por Mí mismo.

Hablando de manera más general, una parte (pequeña o vasta) del mundo está *aquí* y no ahí; y lo que hay *aquí* soy Yo; y lo que soy Yo está vacío, perfectamente unificado, es simple y transparente. Soy el Núcleo infinitamente elástico, la Cavidad Central infinitamente espaciosa del Universo, de la que todo emerge y en la que todo se desvanece. Cuando hablo de Francia, no lo hago como inglés sino como Inglaterra (pero como una Inglaterra que es una, está vacía y que, de hecho, ya no es Inglaterra). Cuando miro a Marte, veo que lo estoy viendo para la Tierra y siento que lo estoy sintiendo para la Tierra (pero una Tierra que ha quedado reducida a puro espacio, que se ha disuelto hasta la última piedra, hasta la última gota de agua). Cuando miro al cielo vacío, soy el Universo mirando, y el Universo también está vacío: solo hay un cielo claro que no está ni dentro ni fuera.

A medida que crezco no me siento más pesado, ni más lleno, ni más grande, sino todo lo contrario. Independientemente de lo mucho o lo poco que incluya aquí, Yo estoy despejado, permanezco más claro y transparente que el cristal. Toda la abrumadora opacidad del mundo, su aterradora multitud y complejidad, la brutal terquedad de sus detalles... todo esto se desvanece en el instante mismo en que lo incorporo. Esta es la verdadera visión a través de la ilusión del mundo. Uno ya no se deja engañar por la aparente solidez de las cosas, sino que las absorbe, las incorpora directamente a esta Simplicidad divina que yace en el corazón del mundo. Soy el Vidriero universal, el Pulidor de la Gema del Mundo, la Gran Clarificación. Veo a través del mundo. No hay Nada en él.

Capítulo 36
Opiniones

A diferencia del hombre, Yo no tengo opiniones

SOLO PODRÍA DISCREPAR CONTIGO si fuera algo en Mí mismo. Lo que pacientemente se niega a oponer cualquier tipo de resistencia, a tener algo propio, es completamente vulnerable a ti, está completamente de acuerdo contigo; al no tener color, eres tú quien le aporta colores; al carecer de rasgos distintivos, se asemeja a ti. Realmente asimilo aquello ante lo cual soy Nada. Esta es la divina apertura mental, que al mismo tiempo es ausencia de toda mentalidad. No me adhiero a ninguna secta, clase o partido. Como buen Oyente, no tengo nada que enseñar, ningún consejo que dar, ningún juicio que emitir: mantengo la boca cerrada (lo cual me resulta muy fácil, pues no tengo ninguna boca que abrir). Soy sabio solo en el sentido de que no rechazo la sabiduría de nadie. Al igual que el empleador obtuso y mentecato que, sin embargo, es lo suficientemente inteligente como para contratar a los mejores cerebros y hacer una gran fortuna gracias a ellos, Mi infinita riqueza de conocimientos y de saber hacer no son realmente Míos en absoluto. Al no rechazar ninguna opinión y no tener ninguna propia, *sostengo* todas las opiniones sin distorsionar ninguna y me deleito sin reservas con sus contradicciones encontradas (por ejemplo, las que llenan este libro). Mi gusto es absolutamente católico.

Un verdadero hombre no puede permitirse tal nivel de imparcialidad. No puede quedarse por mucho tiempo sentado en el muro, sino que más pronto que tarde debe inclinarse hacia un lado o hacia el otro, votar a un partido, formar parte de una iglesia, casarse con una mujer, jugar bien a un juego determinado, ejercer una profesión, preferir una doctrina, un libro, un cuadro, una sinfonía, un país, unas personas, etc., y no otros. Rechazar tal limitación, insistir en mantener una mentalidad perfectamente abierta, neutral y no comprometida, no es ser más humano, sino menos. Su deber a menudo es aconsejar, enseñar, advertir o condenar vehementemente, porque un hombre ha de ser fiel a sí mismo, posicionarse, ser conocido por lo que es y defenderlo.

Esto es bueno e inevitable, pero el precio a pagar es alto: significa vivir sumido en un gran malestar, en un universo artificial creado por el hombre. El hombre ve necesariamente todo a través de las distorsionadas y teñidas lentes de lo humano; añade sus propias interpretaciones arbitrarias a los datos y elimina todo lo que no le interesa. Así, los hombres, los animales, las plantas y las cosas son buenos o malos dependiendo de si se ajustan a sus planes o los alteran. Del mismo modo, los objetos son hermosos o feos dependiendo de ciertas convenciones: todas las puestas de sol, los árboles que sobresalen del agua, las flores del jardín y las niñas núbiles son hermosos, mientras que todas las heridas, las llagas, las cosas en descomposición, la basura y la suciedad son desagradables. «No hay nada bueno o malo, sino que el pensamiento los convierte en tales», y pensar es humano.

No pensar es divino, no separar lo verdadero de lo falso, lo bueno de lo malo, lo bello de lo feo, sino tomar todo tal como se da, tal como aparece, tal como se presenta aquí y ahora, con toda la inocencia y con una mente y un corazón abiertos. Esto es ver el mundo tal como es: completamente transfigurado, resplandeciendo con una Belleza que está más allá de la belleza y la fealdad, y con una Bondad que está más allá del bien y del mal.

Capítulo 37

Presencia

El hombre está ahí; Dios está aquí

DIOS NUNCA PUEDE ESTAR AHÍ y el hombre nunca puede estar aquí: *este* es el lugar de Dios y *aquel* el del hombre. Jamás puedo llegar al lugar que ocupa el hombre, porque este retrocede cuando Me aproximo; ni tampoco puedo nunca alejarme de Mi lugar, porque este Me acompaña dondequiera que vaya. En otras palabras, el hombre es una ilusión: cuando voy a buscarle en el lugar donde parece estar, ahí solo Me encuentro a Mí. Él siempre está en otra parte, jugando al escondite consigo mismo, una personalidad dividida. Solo Yo estoy completamente presente justo donde estoy, solo Yo coincido Conmigo mismo, solo Yo estoy autocontenido. El hombre nunca se alcanza a sí mismo: solo es posible observarle como ausente, porque esencialmente está ausente. En cambio, Yo solo puedo ser observado como presente, porque esencialmente estoy ahí mismo, justo en el Centro.

En el hombre se da un absurdo inherente, casi una locura: en la medida en que existe, está fuera de sí, es incapaz de recomponerse, no está ahí del todo. Y comparte esta inmensa discapacidad con todas las cosas creadas. Solo Yo estoy aquí por completo, en Casa conmigo mismo, no dividido en sujeto y objeto, o en observador y observado; no hay una parte de Mí que mantenga lo demás a un brazo de distancia para observarlo, ni Me rodeo de observadores reales o imaginarios para poder verme a través de sus ojos. No Me veo a Mí mismo aquí desde ahí, sino aquí desde aquí, con perfecta claridad y sin posibilidad de distorsión por la distancia, sin ningún truco de perspectiva, sin ningún medio de comunicación deficiente o inadecuado. Este es el único ver verdadero, infalible, claro, total, cuando el que ve y lo visto son uno y se hallan exactamente en el mismo lugar, es decir, *aquí*. Y todas las demás formas de ver, cuando el que ve está separado y distante de lo visto (y, por lo tanto, no se encuentra en posición de decir cómo es *realmente* lo visto) es solo una especie de visión defectuosa. De hecho, ahí todas las cosas son falsas, pretenden ser algo que no son, y solo Yo soy *lo que* parezco, *donde* aparezco. Estrictamente hablando, Douglas Harding no es nadie ni está en ninguna parte: existe de la misma manera que existen los espejismos, los sueños o las ilusiones ópticas. No es él mismo. Privémosle del espacio necesario para alejarse de sí mismo, juntemos sus dos mitades y desaparecerá por completo.

Sin embargo, este no es el final de la historia. Si vuelvo a mirar, veo claramente a Douglas Harding, a todos los hombres y todas las cosas tal como son (meras apariencias ahí) y a Mí mismo tal como soy (la Realidad justo aquí), de modo que estoy en condiciones de disfrutar todo al máximo. Ese mundo de fantasía es disfrutable (y, de hecho, perfecto) precisamente porque no puede afectar al mundo real de aquí. Al mismo tiempo, paradójicamente, tampoco es extraño o ajeno en absoluto, sino que es profundamente uno Conmigo, porque en última instancia el propio *ahí* es una ilusión. Todas las cosas están totalmente presentes en Mí y ninguna distancia nos separa. Veo que *este* lado de Mis objetos es... Nada en absoluto.

Capítulo 38
Hogar

El hombre está fuera; Dios está dentro

S I ALGUIEN SE ENCUENTRA EN PARÍS y está interesado en ver la Mona Lisa, no va por ahí preguntando *cómo* es, sino *dónde* se puede ver y cuál es el camino más rápido para llegar ahí. Del mismo modo, si me tomo en serio a Mí mismo, Me sigo la pista, Me localizo, Me dirijo a Mí mismo. No pierdo el tiempo recopilando impresiones de tercera mano de vulgares extraños sobre Mí *ahí* donde nunca estuve, sino que acudo a Mí mismo *aquí*. Y Me dedico a llamar a la puerta y tocar el timbre sin descanso hasta que obtenga alguna respuesta, porque puedo estar seguro de encontrarme a Mí mismo dentro.

El hombre siempre está fuera. Lleva una vida misteriosa en un país totalmente inaccesible llamado Allí, la Tierra de Ahí a lo lejos, cuya penuria y desdicha Me resultan del todo inaccesibles. No sabe dónde diablos está, pero sin duda habita en un infierno. El infierno está ahí, y *Ahí* se encuentra la esclavitud, la miseria, la oscuridad, la limitación, el dolor, la amargura, la muerte... Ahí siempre está a dos portales de distancia, siempre en perspectiva, sin llegar nunca directamente al hogar, a uno mismo. En contraste, el Cielo está aquí, y *Aquí* se halla la libertad de toda limitación, de todo sufrimiento, de toda decadencia. Este es sin duda el terreno firme del optimismo; aquí ni el mal resiste una inspección minuciosa, pues todo mal está dislocado, está fuera, es externo, y lo primero que hemos de hacer es verlo ahí.

La iluminación es una limpieza a fondo en dos etapas: primero lo ponemos todo patas arriba, para a continuación volver a ubicarlo todo pulcramente en su lugar, bien encerado y perfumado. En primer lugar, este cuerpo-mente con todas sus funciones y contenidos, hasta el mueble heredado más pesado y antiguo, ha de ser sacado de Aquí y guardado Ahí, dejando esta

Habitación absolutamente vacía. Todo sentir, percibir, pensar y desear, junto con todas las cosas sentidas, percibidas, pensadas y deseadas, han de ser vistas *fuera*, hasta que ni la más mínima mota de polvo psicofísico pueda encontrar Aquí un rincón donde ocultarse. Solo cuando esté absolutamente seguro de que esta Habitación no es más que espacio, la misma estará lista para recibir de nuevo los muebles, y entonces no son los objetos viejos, malolientes, descoloridos, carcomidos y andrajosos que sacamos al exterior, sino que todo está maravillosamente limpio como si acabase de salir de la tintorería, ricamente teñido, lustroso y mejor que nuevo. De hecho, es esta encantadora Habitación en sí misma, tan agradable, cómoda, luminosa, fresca y ventilada, la que *crea* su mobiliario, destacándolo y resaltándolo hasta la perfección; e igualmente son estos muebles renovados los que resaltan todo el espacioso esplendor de la Habitación. Pero en realidad, ambos son inseparables, al igual que lo son las dos etapas de su renovación. Aquí siempre brilla una mañana de abril gloriosamente soleada, siempre acabamos de terminar en este instante la renovación y la limpieza de primavera y, como resultado, no falta nada. Todo está presente y es infinitamente correcto, y Yo estoy en mi Hogar.

Capítulo 39
Libertad

El hombre está encadenado; solo Yo soy libre

PODRÍAMOS PREGUNTARNOS QUÉ ES la verdadera libertad. Es contener todo lo que uno necesita, no estar sujeto a ninguna influencia externa, hacer todo a nuestra manera, ser perfectamente autosuficientes, ser verdaderamente alegres y despreocupados.

Si esto es libertad, entonces efectivamente el hombre está encadenado y constreñido. Solo contiene una pequeña fracción de todo lo que necesita para ser él mismo. Retirémosle su ropa, sus herramientas, su casa, su ciudad, su país, ¿y qué queda de él? Extirpémosle sus cosechas, la tierra, el aire, el agua, la luz del sol y el espacio que contiene todo eso y veamos lo que queda. Quitémosle su lenguaje y la inmensa red de relaciones sociales que determinan toda su personalidad, y se convierte en un mero animal (y apenas eso). E incluso si las presiones sociales más obvias se relajan un poco y se le permite comportarse más o menos a su libre albedrío, lo que le gusta es solo lo que le gusta a su pasado total: toda la historia moldea sus acciones presentes, y no cabe siquiera plantear que se comporte con verdadera espontaneidad. Realmente no es responsable de su comportamiento. Por lo tanto, condenarle es poco compasivo y poco realista, e insistir en reformarle resulta impertinente. Saberlo todo sería perdonarlo todo, porque al final la responsable es la Totalidad. Cualquier limitación destruye la libertad. Ni siquiera a la más divina de las criaturas finitas se la puede culpar de sus defectos.

Dicho de otro modo, todo lo que no sea la Totalidad es demasiado pequeño para ser libre. Solo la Totalidad es autónoma, está autocontenida, no está sujeta a influencias externas, es completa y está sola. Y quien diga ser libre en realidad está afirmando ser la Totalidad.

Ahora bien, es un hecho que Yo me *siento* libre, y nunca cuestiono ese sentimiento. Es más, a menos que *sea* libre no puedo encontrarle sentido a lo que hago. Cuando elijo deliberadamente esto y no aquello, cuando acepto con plena conciencia la responsabilidad por lo que he hecho, estoy afirmando de manera incondicional que soy libre ahora y siempre he sido libre. ¿Cómo podría aceptar cualquier culpa o elogio por acciones que estuviesen, aunque fuese mínimamente, predeterminadas? Declaro que no soy una herramienta y que estoy haciendo lo que *Yo* quiero hacer, y toda la evidencia aparentemente abrumadora de lo contrario no supone ninguna diferencia.

Solo hay una explicación posible para este sorprendente fenómeno, y es el hecho aún más sorprendente de que Yo *incluyo* todo lo que me condiciona. Es decir, soy libre porque soy el único que puede ser libre (el Todo, la Totalidad, Dios mismo) y no un hombre en absoluto. Y en cuanto veo esta verdad obvia y me doy cuenta de Quién soy, sé que he regresado al Hogar, a la única fuente de Libertad. Ahora camino en soledad, con la absoluta certeza de que todo es Yo y como Yo lo quiero. Ahora sí que soy verdaderamente alegre, dichoso y despreocupado.

Capítulo 40
Soledad

El hombre está en compañía; Yo estoy solo

Un hombre es una contradicción de términos. Incluso cuando Douglas Harding está abandonado en una isla desierta, nunca está solo. Piensa en los hombres, hace cosas por ellos, se compara con ellos, está continuamente influenciado por ellos. Por así decirlo, un hombre *es* otros hombres.

Dios, por el contrario, siempre está solo. Dios más el hombre, Dios más cualquier cosa en absoluto, es un absurdo. No hay nadie aparte de Él.

Cuando estoy verdaderamente solo, soy Él. ¿Cómo es ser este Uno, este Solitario, estar absolutamente solo? ¿Cómo nos hace sentir? Es sentirse magníficamente aliviado, despreocupado, ligero. Es conocer la emoción y la relajación de no tener a nadie a quien agradar, a quien temer o a quien referirnos. Es haber triunfado completamente, proclamarnos victoriosos sobre el mundo y, por fin, estar en paz. Es haber ajustado finalmente cuentas con la muerte y con todos los males, no tener nada que perder ni que ganar y no desear nada en absoluto. Es no tener una opinión demasiado elevada de Uno mismo, ni una opinión demasiado baja; de hecho, es no tener ninguna opinión en absoluto, ya que en Mí, que soy incomparable, no se aplica ningún estándar.

Consecuentemente, estar así de solo, absolutamente solo, ser completamente Uno, sin un alma en quien confiar o en quien buscar compañía, sugiere una experiencia que o bien resulta extraordinariamente aburrida o bien de lo más aterradora, ya que difícilmente podría ser las dos cosas a la vez. Sin embargo, en realidad es lo contrario de ambas. *Únicamente* cuando estoy solo soy incapaz de aburrirme: amo Mi propia compañía; cada momento de ella es un auténtico deleite. Y solo cuando no queda ni la más mínima partícula fuera de Mí desaparece toda posibilidad de terror: un solo extraño, cualquier cosa externa, algún elemento mínimo que Yo haya perdido, algún refugiado que haya escapado de Mí, y estaré amenazado (o, mejor dicho, completamente perdido). Solo cuando soy por completo todas las cosas y no queda ninguna diferencia soy Yo mismo y estoy a salvo en el Hogar.

Sé que este es el final del viaje, el refugio definitivo, porque es imposible imaginar un anclaje más seguro o una calma más profunda. Aquí se encuentra la tierra que desea nuestro corazón, la *ultima Thule*, el límite ilimitado. Aquí se halla la única alegría real, la verdadera satisfacción, lo mejor. Todo crecimiento, todo esfuerzo, todo deseo, tiene como objetivo esto, y no alcanzarlo siempre conlleva dolor. No podemos soportar no ser todas las cosas, estar siempre y en todas partes: toda alienación es alienación de Uno mismo, toda separación es separación de Uno mismo. Ser solo este hombre y no aquel hombre, solo este universo y no aquel, es sufrimiento y desdicha. Estar separado de cualquier cosa es una desgracia. Ser finito es sufrir, estar en compañía es sufrir, ser solo una parte de una pareja es sufrir. Y estar Solo, ser el Único, es el fin del sufrimiento y la única dicha que no está entremezclada con la amargura y la tristeza.

Capítulo 41
Paradoja

El hombre aborrece la paradoja;
Yo me deleito en ella

O ES ASÍ O NO LO ES: no puede ser ambas cosas a la vez. No puede ser una pala y un rastrillo, blanco y negro, verdadero y falso, bueno y malo, Douglas Harding y todo menos Douglas Harding. Así es como funciona la mente humana. Y si no lo hiciese, no podría haber tribunales, comercio, aprendizaje, discusión, ni, de hecho, civilización alguna. Afortunadamente, al hombre no le hacen falta las paradojas Habita en una región del sentido común a la que estas no pertenecen, una región en la que los opuestos siguen siendo opuestos y los extremos nunca se tocan.

En cambio, se tocan aquí, en Mi región, donde solo las paradojas funcionan y nada es en sí mismo aparte de su opuesto. Pondré cinco ejemplos:

Mi conocimiento es ignorancia. Es un hecho que en una mente diáfana, clara, transparente, alerta, abierta y vacía, todas las cosas encajan con exactitud en su lugar, sin fricciones, superposiciones ni sobrantes, y aquí resplandecen intensamente como ellas mismas. Pero si algún recuerdo, alguna opinión, alguna expectativa o algún hábito mental (por excelente que sea) influye sobre el objeto, lo trastorna y obstaculiza el verdadero conocimiento del mismo.

Mi amor es indiferencia. Veo que cuando amo a alguien sin reservas no quiero nada de esa persona: ni su mejora, ni su presencia, ni su amor correspondido, ni siquiera su buena fortuna.

Mi riqueza es pobreza. Si divido el universo en dos mundos (este pequeño mundo que me pertenece y ese otro mundo enorme que no me pertenece) entonces verdaderamente me encuentro en muy mala situación. En lugar de eso, renuncio a ambas cosas, porque veo que en realidad no tengo nada y no soy nada. Y esta Nada es Mi gran Saco que todo lo contiene, Mi Monedero inagotable.

Mi poder es debilidad. Si trato de poner en orden este pequeño mundo y mantenerlo así, el mundo externo siempre lo desbarata y lo desordena. En cambio, si soy consciente de Mi total impotencia, incluso en aquellas regiones más cercanas donde podría parecer que ejerzo cierto control, y simplemente dejo que las cosas sucedan, entonces también ocurre un milagro: veo que en realidad todo está sucediendo justo como Yo quiero, y que no es sino el fluir y el discurrir de Mi poder infinito.

Mi existencia es no-existencia. Veo que los demás son, pero solo Yo no soy. Sin embargo, es precisamente por esto que solo Yo existo realmente y ellos existen solo en Mí.

Si fuese necesario exponer más ejemplos de paradojas, este libro está repleto de ellas. Y Yo mismo soy la más descabellada y extravagante de todas. También soy la Reconciliación final de todos los opuestos y la Resolución de todas las contradicciones de la vida. Tengo Mi pastel *y* Me lo como, ¡aunque en realidad no hay ni pastel ni nadie que se lo coma!

Capítulo 42

Preocuparse por uno mismo

El hombre se ocupa del hombre; Yo me ocupo de Dios

EL INTERÉS PROPIO ES LA LEY: ocuparse de los propios asuntos es lo que hace girar al mundo. Del mismo modo que Dios es asunto de Dios, también el hombre es asunto del hombre, y si no fuese así, ni Dios sería Dios ni el hombre sería hombre. Al hombre le corresponde el estudio de sí mismo y de su propia perpetuación en el mundo, y que Dios se apiade de él si descuida esos aspectos. De hecho, Dios ni se apiadará de él ni podrá ayudarle, ¡porque Dios se está ocupando de Sí mismo!

Que el hombre tenga éxito en este autoestudio depende de que se vea a sí mismo lo más objetivamente posible, sin otorgarse ningún estatus divino o privilegiado, sin reservar para sí mismo ningún recinto sagrado e inviolable en el que el científico profano tenga prohibido entrometerse. Por eso se ve a sí mismo, y con razón, como un pariente cercano de los simios superiores, apenas distinguible de ellos en su anatomía; y (si se le presiona) incluso puede llegar a admitir que en su propia vida individual ha sido inferior al más bajo de los mamíferos, de los reptiles, de los peces y de los gusanos. Y puede (de nuevo, si se le presiona) ver su condición de hombre no como un logro individual, sino como parte de la inmensa herencia que le aguarda. Ciertamente le corresponde tomar posesión de este mundo ricamente humanizado que yace a su alrededor, y no hay nada único o especial en su centro que deba desviar su atención. Es un hombre entre los hombres, y lo que le es propio es ocuparse de asuntos propios de hombres.

Todo esto no tiene nada que ver Conmigo. Lo que a Mí Me concierne es Dios. Y puesto que solo hay uno de Mí, dado que soy único, lo que me concierne soy Yo mismo, el disfrute de lo que soy. Nada más Me interesa. Estoy plantado en el verdadero Centro del universo, su Principio y su Fin, su Origen y su Terminación, en un estado completamente solitario. En ese caso, ¿cómo podría olvidarme de Mí mismo y buscar otro entretenimiento? ¿Cómo podría contener (o mejor dicho, *ser*) el Secreto de todas las cosas y del Ser mismo e interesarme por algo que no fuese ese Secreto? De hecho, *ser* este Manantial, esta Fuente única, este Poder indescriptible y, sin embargo, no pensar en ello, o pensar en otra cosa, es en sí mismo impensable. Para Mí, no hay más noticias que Yo mismo, pero esas noticias, siempre actualizadas al minuto, son absolutamente fascinantes y jamás quedan obsoletas.

Douglas Harding es evidentemente solo un hombre: una inspección cuidadosa de él no revela nada especial, y otorgarle divinidad sería tan ridículo, tan contrario a los hechos observados, que no podríamos tomarnos en serio tal hipótesis ni por un momento. Sin embargo, es igual de evidente que Yo no soy ningún hombre, sino Dios mismo, gloriosa y maravillosamente Solo. Me adoro a Mí mismo. Me encuentro encantador, soberbio, adorable más allá de todo lo imaginable. *Disfruto* ser Dios, ¿y quién puede negarme este deleite supremo?

Capítulo 43

Omnisciencia

El hombre sabe poco; Yo no sé nada, y lo sé todo

LA LITERATURA HINDÚ ATRIBUYE AL YOGUI la capacidad de hacerse tan pequeño como un átomo, tan vasto como el universo, tan ligero como el aire; puede extenderse hasta alcanzar cualquier cosa que quiera y es capaz de controlar la naturaleza y a sí mismo. Pues bien, en el transcurso de esta investigación he descubierto que, si bien es obvio que ningún hombre puede pretender poseer tales poderes, Yo los ejercito continuamente y con tanta facilidad que ni siquiera me había dado cuenta. En cuanto me detengo a prestar atención a lo que veo solo aquí, y a lo que veo que sucede solo a mi alrededor, me doy cuenta de Quién soy realmente y de las cosas asombrosas que soy capaz de hacer. Soy la Supernaturaleza misma.

La omnisciencia no figura entre los ocho poderes yóguicos tradicionales. Y, aunque parezca extraño para alguien tan talentoso, ciertamente soy un ignorante. Prácticamente ignoro (felizmente) la totalidad de la inmensa variedad de aspectos y fenómenos (la mayoría de ellos indescriptiblemente lúgubres) sobre objetos que van desde las estrellas más remotas hasta las partículas de esta mano, con todas sus historias conectadas e interdependientes. Si soy Dios, entonces Dios es un Zopenco incurable: el universo se compone de las cosas que Él no desea saber. La verdad es que la omnisciencia tal como comúnmente se entiende no sería más que un montón de aspavientos y mezquindades multiplicadas hasta el infinito y ciertamente absurdas. Desde luego que lo sé Todo (y de la única manera posible: a la perfección), pero no me preocupa nada que, por ser menos que Todo, no se puede llegar a conocer nunca por completo. Los detalles del universo surgen de una visión apresurada y estrecha: son producto de una investigación insuficiente. Porque toda la verdad sobre cualquier cosa es el Todo, la Totalidad, es decir, Yo mismo. Cada dato, cada información, no es sino desinformación sobre Mí, que soy la única Información Completa, la Historia Total, la Verdad del asunto. Así pues, dejo determinados fragmentos de conocimiento a determinados fragmentos de Mí mismo (como Douglas Harding), y cuanto más particulares resultan más ignorancia son, y no conocimiento en absoluto.

Me veo a Mí mismo sin parte ni complicación alguna, como un simple Vacío. Sin embargo, observo que esta autovisión no interfiere en modo alguno con la visión simultánea de una sucesión de objetos finitos. Todo lo contrario: es gracias a que en realidad no los observo en absoluto, excepto de pasada y como mero relleno de este Vacío, que soy capaz de verlos como nunca antes, en todo su esplendor individual y su frescura única. De hecho, la única forma de ver algo con claridad es tratarlo como si fuese una estrella muy tenue que desaparece de la vista cuando tratamos de inspeccionarla directamente, vislumbrarlo por el rabillo de un Ojo que mira fijamente a la Nada.

Capítulo 44

Omnipotencia

Mi poder es infinito; el suyo nulo

SI SOY DIOS OMNIPOTENTE, ¿cómo es posible que no pueda hacer que esa silla de enfrente se mueva un centímetro hacia la izquierda, o que esa mosca de la ventana caiga muerta, o que esa nube se desvanezca en el cielo? Lo vuelvo a intentar con más fuerza... ¡pero sigue sin ocurrir nada! Hasta este cuerpo humano (ya no digamos el universo) se niega a obedecer mis órdenes y se toma su tiempo para recuperarse de un resfriado común.

Bueno, ¿qué es un Dios todopoderoso? ¿Aquel que promueve, diseña, crea, opera y supervisa el universo en toda su inimaginable complejidad? Si es así, ciertamente no soy Él. Pero en realidad no hay ni la más mínima prueba de que exista tal monstruosidad, una especie de «Dios director de obras».

De lo que sí hay evidencia (una evidencia concluyente y palmaria aquí mismo) es de otro tipo de divinidad: no el gerente, sino todas las Obras, este Vacío siempre presente y claramente visible que es el único productor primario, esta maravillosa Fábrica de la inexistencia que produce sin cesar todo lo que existe, este Generador central que suministra toda la energía del mundo, pero que Él mismo funciona sin combustible alguno, con pura Nada. Alimentado por esta única Fuente, Douglas Harding es incapaz de aumentarle o restarle energía en lo más mínimo, o de desviar dichas esnergías una milésima de milímetro de su curso predeterminado. No es de extrañar que no pueda mover la silla con solo desearlo. Incluso si le diese un empujón con el pie en realidad la acción no sería suya, sino de Otro. De hecho, sería Mía, una función del poder infinito que continuamente emana de Esto que soy. ¿Y por qué debería querer ser capaz de obrar pequeños milagros en sillas, moscas y nubes, cuando toda la Creación es Mi Milagro continuo, y todo es tal como quiero que sea? Solo tengo que mirar el mundo para ver qué necesito, y si encuentro algún defecto o siento el impulso de entrometerme en algo, no soy Yo, sino Douglas Harding, quien se siente así. Él se resiste a la naturaleza de las cosas, busca tener algún control sobre ellas, y es impotente. En cambio, Yo estoy de acuerdo con ella, no trato de controlarla, y por eso soy el Poder absoluto. Esta Fábrica autoriza todos sus productos, pero no espera que estos se aprueben entre sí.

Por supuesto, cabría pensar que esto no es más que un lamentable intento de consolación. ¿No estoy acaso tratando de ver lo bueno de un mundo que obviamente es un trabajo muy mal realizado, fingiendo que me gusta algo porque lo cierto es que no puedo repararlo?

¡Prueba a ser Dios y mira a ver si toda la Creación no es excepcionalmente buena! Encontrar defectos es perder su Origen, deshacer la Totalidad. Del mismo modo que el veneno de la cobra no es venenoso cuando está dentro de ella, ni sus heces sucias, ni su metabolismo algo consciente, tampoco en Mí son en absoluto problemáticos los problemas del universo. Todo lo que Mi poder creador complica, Mi poder absorbente lo simplifica, reduciéndolo a la Simple Perfección. Creador y Salvador, creo y trasciendo el mundo ahora.

Capítulo 45

Omnipresencia

Él siempre tiene el tamaño de un hombre;
Yo soy infinitamente elástico

TODO EL CAMINO QUE VA DESDE el hombre diminuto hasta el Dios infinito (¡si un salto así no fuese tan imposible, si se pudiese superar con unos pocos brincos comparativamente fáciles!) Douglas Harding tiene claramente forma y tamaño humano, lo que significa que ha reducido esa gran parte del universo a sí mismo, adhiriendo a su volumen (más o menos medio metro cúbico) la etiqueta AQUÍ, mientras que todo el resto está AHÍ. El Dios omnipresente, por el contrario, reduce todo el universo a Él mismo, etiquetándolo en su totalidad como AQUÍ. Él es todos y en todas partes; Douglas Harding es prácticamente nadie y está prácticamente en ninguna parte.

Eso en cuanto a Dios y el hombre, pero ¿dónde estoy *Yo*? ¿A qué me refiero cuando digo «Ven *aquí*»? Puede significar que vengas a este lugar, a este punto de tinta que estoy haciendo ahora en este papel, o que vengas a mi mano derecha, o a donde se encuentra este cuerpo, o a esta habitación, esta casa, esta ciudad, este país, este continente, este planeta, este sistema solar, o incluso a este universo mío: ven de *ahí* a *aquí*, de *aquella* región a *esta*, de *tu* lugar a *mi* lugar. Como vemos, es evidente que mi propio AQUÍ, ESTO y MÍO abarcan desde prácticamente nada hasta prácticamente todo lo que hay bajo el sol, y más allá de él.

Esta elasticidad no es una mera ficción útil o un accidente gramatical. Solo expreso lo que siento. Mi «Yo» se expande o se contrae automáticamente para adaptarse a la medida de cada ocasión. Así, no me siento sobre la parte trasera de mis pantalones, que descansan sobre una silla atornillada al suelo de un avión que vuela, sino que simplemente (Yo) *vuelo*, con todas las cincuenta toneladas de Mi ser; no agarro un arma que dispara una bala que mata a un hombre, sino que Yo (con arma y todo) le mato, y la ley está de acuerdo con esta visión; no estoy al mando de una división que utiliza armas y pierde una batalla, sino que soy Yo quien la pierde y asume las consecuencias; no empleo un neutrón para destrozar el núcleo de un átomo, sino que soy Yo quien lo hace pedazos. Así es como hablo y eso es lo que siento. Soy tanto o tan poco del universo como necesite en cada ocasión para hacer lo que tenga que hacer.

Esta magnífica (¡pero tan insospechada!) elasticidad tampoco es solo una cuestión de sentimiento, sino que tiene inmensas consecuencias prácticas. Supone una gran diferencia que me identifique con algo más pequeño que un hombre, como pueda ser uno de sus órganos, en detrimento de los demás. Supone una diferencia inmensa que me identifique con algo más grande que un hombre y no tenga problema en matar o dejarme matar por el bien de mi familia, de mi país, de mi raza, o incluso (en caso de una guerra interplanetaria) de la propia Tierra. Y supone una diferencia absoluta que asuma la responsabilidad por todo el Cosmos, que cuide y ame a todas las criaturas sin excepción o preferencia, totalmente, hasta que todo quede incluido en Mi abrazo, hasta que todo se pierda y se salve en este Uno omnipresente. Además, esta expansión del hombre a la Totalidad, con su otro aspecto opuesto de contracción del hombre a la Nada, es la verdad honesta y objetiva sobre el hombre, que como mero hombre y en su propio nivel es un espejismo que no resiste ni la inspección cercana ni la lejana. Porque Douglas Harding (tal como le ve un observador que se aleja) no es él mismo sin todo lo que no es él, sin su físico expandido, que comprende su ropa, sus herramientas, su casa, su ciudad, su país, su planeta, su sol, su galaxia... Aislado de este cuerpo-universo, que es la única totalidad viva y verdadera de él, no es humano, no está vivo, ni siquiera existe. E igualmente (tal como le ve el observador que se acerca) se resuelve en una comunidad de órganos, cada uno de los cuales «verdaderamente» es una comunidad de células, cada una de las cuales «verdaderamente» es una comunidad de moléculas, y así sucesivamente hasta alcanzar el sustrato sin rasgos distintivos, la inmaterialidad central o el Vacío que él *realmente* es. De modo que Douglas Harding resulta ser Todo-Nada, el Uno que está a la vez totalmente ausente del mundo y totalmente presente en él; y todos los pasos (todos los grados de encarnación y desencarnación) en el camino hacia esa doble meta son tan ilusorios como él.

Lo que cuenta es el primer paso. Una vez que empiezo a incorporar de forma consciente algo más allá del hombre, empezando con esta chaqueta (una piel de quita y pon) y este bolígrafo (un sexto dedo que puedo hacer crecer o amputar fácilmente), no hay forma de detener mi crecimiento hasta que lo incorpore Todo. Y una vez que empiezo a fijarme en de qué estoy hecho, no hay forma de detener mi decrecimiento hasta que no incorpore Nada. Una vez que admito que soy lo que parezco ser desde *todas* las distancias, y lo que siento, y lo que me mueve, y lo que incorporo, no puedo por menos que llegar en última instancia al reconocimiento de mi propio Ser, de mi auténtico Yo.

En lugar de este cuerpo, hay una mina de riquezas inagotables. Tras descifrar la clave que abre esta caja fuerte (llamada Forma) y llegar a su joya de valor incalculable (llamada Vacío), tengo la llave que abre todas las cajas fuertes del mundo: ahora todas las Formas son Vacío. Al ser esta pequeña (pero totalmente fiable) muestra del mundo, al conocer su historia interna, conozco (y de hecho soy) Toda la Historia. Al ser la clarificación, el vaciado, de hecho la iluminación de cada uno de los innumerables habitantes de este pequeño cuerpo humano, puedo (debo) ir más allá y convertirme en la Iluminación de todos mis cuerpos mayores y sus habitantes, incluida la Tierra entera, las estrellas, el Cosmos mismo. Todo este mundo opaco, vasto, inerte y terriblemente complicado queda al instante desprovisto de forma, unificado, iluminado de principio a fin, en Mi Omnipresencia sin sombra.

Capítulo 46
Discriminación

Yo separo a Dios del hombre; él los confunde

LA LUZ MÁS BRILLANTE PROYECTA la sombra más intensa, y la verdadera iluminación mística también tiene un lado oscuro. Esta Luz es un amanecer repentino que convierte nuestra noche en un sol resplandeciente... y en una noche aún más profunda. Su combinación de colores es blanco y negro intensos, sin tonos grises ni penumbras.

Aquí, la infinitamente escrutadora Luz del Día de Dios; ahí, la oscuridad humana en la que todos los contornos se desdibujan. Forma parte de la propia esencia de la oscuridad no poder ver cuán oscura es. El hombre es hombre porque no es capaz de ver lo estrechas y estrictas que son sus limitaciones. Si lo hiciera dejaría de ser humano, porque ser hombre es confundirse, es hacerse un lío: es sobrevalorar enormemente lo humano y subestimar lo Divino, es tenerse en muy alta estima a sí mismo y en muy baja a su verdadero Ser, es fallar por completo a la hora de distinguir ese mundo de Este, sacando de este modo lo peor de ambos. Paradójicamente, mientras que (como hombre) imagino que disfruto de una cierta libertad, que tengo cierta originalidad, poder, espíritu, divinidad, o cualquier otra virtud real, en realidad carezco de todas ellas y no soy nada. En cambio, si me tomo completamente en serio esta verdad, soy la Nada cuyo otro aspecto es la Totalidad que contiene toda virtud y la lleva a su perfección. Soy la Luz despiadada que muestra la oscuridad total de Douglas Harding. Ciertamente, la afilada Espada de la Discriminación resuelve las cosas, corta limpiamente cada hebra del tejido que le conecta a él ahí Conmigo aquí. De un solo golpe despiadado, le inflige muerte absoluta a él y Vida absoluta a Mí, sin dejar ningún estado vital intermedio en ninguna parte.

A diferencia de la falsa, la verdadera piedad es severamente precisa, el enemigo de toda componenda o compromiso amable. El hecho de que, en última instancia, incluso la Espada de la Discriminación esté envainada (Dios y el hombre, Yo y él, la Luz y la oscuridad, todos fusionándose en la Esencia indiferenciada) no supone que esté menos afilada. Por el contrario, la unificación prematura hace imposible la Unidad final. No hay nada de malo en esos acomodaticios estados de ánimo nuestros en los que nos sentimos en sintonía con el Infinito, momentos vagos pero cálidos en los que nos percibimos en armonía con Dios, con la naturaleza y con el hombre, pero antes de que estos estados puedan llevarnos a una Unión real han de atravesar por el camino de la división y la muerte. El «Uno más allá de la unidad» en el que desaparecen los muchos no es una mezcla de ellos y de Sí mismo. Cualquier híbrido de carne ahí y Espíritu aquí es un monstruo imposible y un aborto. Lo Indescriptible en el que están eternamente reconciliados los mantiene eternamente separados.

Capítulo 47

Iluminación

Yo estoy iluminado; él no

A SÍ QUE REALMENTE CREO QUE ESTOY ILUMINADO, ¿verdad? Liberado, Despierto, Realizado o Iluminado, es decir, en el sentido en que Gautama el Buda se iluminó bajo el Árbol de la Bodhi. Bueno, esa es una pretensión mayúscula. ¿Cuál es la honesta verdad?

Una vez más, en esto la información externa y de segunda mano es inútil. No sirve de nada fiarse de rumores: de libros (por sagrados que sean), de maestros (por muy venerados que sean), de amigos (por francos y perspicaces que sean). Ni siquiera la inspección de primera mano, una vez que ha pasado a la memoria, puede responder a esta pregunta crucial. Solo una prueba inmediata, aplicada aquí y ahora, puede resolverla más allá de toda duda. Lo único que hay que hacer es mirar y ver. Con tan solo echar un vistazo a Douglas Harding, es evidente que la idea misma de su iluminación resulta ridícula. No es que aún no haya acumulado suficientes años de práctica espiritual, ni que no haya alcanzado alguna clase de santidad o perfección, sino que su problema es mucho más profundo y mucho más obvio. Si la Iluminación significa algo en absoluto, significa no-dualidad, y Douglas es muchas cosas entre muchas más cosas; significa claridad, y él es completamente opaco; significa inmutabilidad, y él cambia de momento en momento; significa simplicidad, y él es extremadamente complejo; significa estar libre de la ilusión del cuerpo, y él es en gran medida un cuerpo; significa infinito, y sus límites se ven claramente; etc. Todas estas taras son incurables, y la menor de ellas le excluye permanentemente de la iluminación. Lo cierto es que no solo es incapaz de alcanzar la Iluminación, sino que es su antítesis, el modelo exacto y completo de todo lo que la Iluminación no es.

Esto se debe a que tiene la mala suerte de aparecer siempre en el lugar y el momento equivocados, porque encontrar la Iluminación es como encontrar cualquier otra cosa: uno solo tiene que saber dónde está y cuándo está ahí, y luego asegurarse de acudir a la cita con ella. *Y esta es una cita a la que no podría faltar ni aunque quisiera.* La iluminación no pertenece a ningún otro lugar que no sea AQUÍ, ni a ningún momento que no sea AHORA. Veo, más allá de toda duda, en este mismo momento y en este mismo lugar, este Vacío no-dual, lúcido, inmutable y simple que soy Yo mismo, y que es en todos los sentidos lo opuesto al hombre de ahí.

Y dado que no puede existir tal cosa como un «hombre Iluminado» ahí, o una Divinidad no iluminada aquí, en realidad hablar de la Iluminación como algo que le sucede a alguien es un sinsentido. No se puede trabajar en pos de ella, no se puede ganar, no se puede lograr o conseguir. Nunca ha ocurrido ni nunca ocurrirá. Simplemente es. Es imposible escapar de ella.

Capítulo 48

Deificación

Yo sé que soy Dios; él cree que es un hombre

¿ES TAL VEZ POSIBLE VER CON TODA CLARIDAD Quién soy, pero sin que se produzca también una identificación total? Cuando digo «Yo», ¿a qué me refiero? Si alguien grita de repente «¡Douglas Harding!», ¿me pondría en marcha de manera menos inteligente que si hubiera gritado «¡Oh, Dios!»? En resumen, aunque no tengo duda de que *entiendo* que soy Dios, ¿lo digo verdaderamente en serio?, ¿lo creo sin reservas?

La respuesta es un SÍ rotundo y sin concesiones. Esta visión está asegurada por la convicción más profunda, por una necesidad segura y firmemente establecida. Me niego en redondo a dejarme disuadir por algo que no sea una identidad total con Dios, con la Divinidad, con la mismísima Esencia Última. No estoy interesado en que Él me ame o me salve, ni en ser como Él, ni en ser Su Hijo y cogobernante, ni siquiera en estar unido a Él para siempre. La salvación reside únicamente en *ser* Él. La alternativa es la perdición, no tanto porque preserva indefinidamente algún remanente de Douglas Harding (lo cual es intolerable) o divide al Uno (lo cual es imposible), sino porque no puedo experimentar ningún fin de la ansiedad, ninguna paz final, ningún gozo perfecto, hasta que no sea conscientemente la Totalidad y el Único. No tengo ningún otro propósito, ningún otro significado, ningún otro destino o necesidad, ningún otro interés que no sea simplemente ser Él, es decir, ser Yo mismo. Dicho de otro modo, puesto que solo Él es Reposo y Descanso, no puedo descansar *en* Él, sino solo *como* Él. La más mínima rendija de separación sería tan insoportable como (afortunadamente) antinatural y, de hecho, mítica. La verdad es que Mi Divinidad, una vez que se ve claramente y se siente profundamente, es tan obvia y tan cierta que muestra mi condición de hombre como un caso de identidad equivocada, o al menos como una convención o un artificio temporal que mantengo con cierta dificultad. En cierto sentido, es mucho más fácil ser Dios que hombre. Solo es cuestión de dejar de fingir.

Somos lo que queremos ser, lo que nos empeñamos en ser. Mi ambición, al ser infinita, queda infinitamente satisfecha; en cambio la del hombre, al ser moderada y vacilante, solo queda parcialmente satisfecha. Muy parcialmente, porque de hecho la condición humana arrastra un defecto básico: es producto de la ignorancia. Si un hombre viera lo que realmente es, me vería a Mí, se vería a sí mismo en su totalidad. Dios es naturalmente Dios, pero el hombre es convencionalmente hombre. En última instancia, es una selección bastante arbitraria de los hechos, una selección extraída de la Totalidad que Yo soy. No es de extrañar que Douglas Harding nunca pueda creer de todo corazón en sí mismo, o responder a ese nombre sin vacilar. Siempre tiene la vaga, desconcertante e incómoda sensación de no ser él mismo del todo. No lo es. Él soy Yo.

Capítulo 49

Ejercicios espirituales

Para él funcionan; para Mí no

ALGUNOS MAESTROS DICEN QUE los ejercicios espirituales (y en particular la práctica sistemática de la meditación, tal vez durante toda la vida) son indispensables para la Iluminación. Otros parecen considerar que no son necesarios. Y otros llegan incluso a sugerir que son lo que se interpone entre nosotros y nuestra Luz. Y (para completar la confusión), también hay maestros que un día dicen una cosa y al día siguiente lo contrario.

Como todos los demás, este grave problema práctico solo se resuelve cuando determinamos quién tiene dicho problema. ¿*Quién*, si es que hay alguien, necesita someterse a este arduo entrenamiento espiritual?

La respuesta es: todos aquellos cuya Iluminación aún no está completa. Ha habido algunos seres muy dotados cuyo entrenamiento fue comparativamente breve y sencillo, pero para la mayoría de los aspirantes supone un esfuerzo muy largo y difícil, no tanto para obtener alguna Iluminación inicial, sino para posteriormente madurarla hasta el límite. Un hombre consigue aquello por lo que se afana, es decir, aquello por lo que trabaja metódicamente, con perseverancia y de todo corazón, y la vida espiritual no es una excepción a esta regla. Es inútil que se siente a esperar que la Iluminación caiga sobre su regazo: ha de trepar por un árbol muy alto y espinoso y arrancarla por sí mismo. La razón por la que no está iluminado es que no quiere serlo suficientemente y, por lo tanto, no es capaz de decidirse a realizar el esfuerzo necesario.

No cabe duda de que el tipo correcto de entrenamiento espiritual tiene sentido y realmente funciona para todos los que lo intentan seriamente... salvo una excepción: ¡*Yo* encuentro que no tiene ningún sentido y que es imposible que funcione! Consideremos lo que eso significaría. Significaría que estoy ansioso por conseguir algo, cuando en realidad estoy completo. Significaría que estoy buscando resultados futuros, cuando en realidad la Meta o es ahora o no es nunca. Significaría establecer comparaciones con los logros de otros, cuando en realidad Yo soy incomparable. Significaría hacer enormes esfuerzos para frenar la mente errante, cuando en realidad el problema es precisamente someterla a tan grande esfuerzo. Significaría sentarme a los pies de algún gurú, o estudiar las Escrituras cuidadosamente, cuando en realidad este tipo de adoctrinamiento es lo que impide el descubrimiento. Significaría darle vueltas y vueltas a ideas prescritas (como la impermanencia, el no-yo, la no-dualidad, etc.), cuando en realidad lo que hace falta es abandonar todas las ideas y permanecer perfectamente abierto. Significaría cultivar sentimientos (como la compasión, el amor o la calma), cuando en realidad esos sentimientos solo nublan este Vacío de aquí, este perfecto Desapasionamiento. Significaría el duro trabajo de perseverar en los ejercicios, durante tantas horas al día, día tras día durante años, a pesar de todos los impulsos naturales, cuando en realidad la distensión y la dicha divinas que con tanto dolor estoy buscando están disponibles aquí en este mismo instante.

En lo que a mí respecta, hay algo tremendamente equivocado en la idea misma de entrenamiento espiritual. No es simplemente que este entrenamiento no conduzca a la Iluminación, ¡sino que nos lleva en la dirección opuesta! ¡No se podría imaginar un antídoto más efectivo! No es de extrañar que me parezca que la condición humana cotidiana y no regenerada sea mucho más prometedora a nivel espiritual (o mucho menos desfavorable) que esta vía que nos lleva directamente de la Iluminación a la oscuridad exterior.

En realidad (aparte de uno o dos breves lapsos), nunca he recibido ningún entrenamiento espiritual. Sencillamente no soy capaz de esforzarme por algún incierto beneficio remoto: para mí, la recompensa tenía que estar a la vista. De lo contrario no estaba interesado. Afortunadamente, resultó que tenía una irremediable curiosidad por saber Quién o Qué era, y si cada momento no me proporcionaba algún atisbo de respuesta, al menos me aportaba una creciente sensación de maravilla, fascinación y misterio: la propia aventura de esta búsqueda, su emoción incesante, sus infinitas sorpresas, hacían que no necesitase más recompensa. Los días, los meses y los años pasaron casi imperceptiblemente. Tampoco se trataba de un entusiasmo que me hiciese vivir con la esperanza de cosas aún mejores: lo que fuese que acababa de descubrir, lo que fuese que veía claramente en ese momento, ¡esa era toda la sorprendente verdad, la última palabra sobre la cuestión en todos los sentidos! ¡Qué engreído, qué absurdamente seguro y confiado estaba! Pero nunca me cansé. Jamás, ni por un despreciable instante me he siento tentado a rendirme, o incluso a tomarme unas vacaciones.

Por supuesto que ahora, echando la vista atrás, puedo adoptar una visión más sobria y modesta. Vistas en perspectiva, las primeras revelaciones que tenemos no pueden por menos que parecer superficiales, nuestra concentración irregular, nuestro conocimiento insignificante, nuestro amor subdesarrollado, selectivo y exigente, nuestro comportamiento a menudo deplorable; pero en el momento ignoré estos defectos en el fragor de mi búsqueda. *Por eso* tendían a desaparecer; *por eso*, en realidad se produjo una profundización constante de toda la vida espiritual. Esta falta de entrenamiento resultó ser el verdadero entrenamiento.

Pero ninguna mirada atrás tiene nada que ver con la Realidad, Conmigo. Los ejercicios espirituales funcionan en el tiempo, y por eso jamás pueden acercarnos a Esto que se encuentra fuera de tiempo. De modo que la respuesta final a la pregunta «¿*Quién* tiene que entrenarse espiritualmente?» es: Él ha de hacerlo; Yo no puedo, y dejemos que cada uno se ocupe de sus propios asuntos. Aquí, como en cualquier otro aspecto, somos polos opuestos: su blanco es Mi negro, su alimento es Mi veneno, su realidad temporal y ajetreada es Mi sueño (y en última instancia ni siquiera eso). Yo vivo en el presente, *soy* el Presente Viviente, y todo lo demás es imaginación y muerte. SOLO DIOS TIENE SENTIDO.

Capítulo 50
Detener el pensamiento
Él está pensando; Yo no

E L HOMBRE ES EL ANIMAL PENSANTE. Idear conceptos es su rasgo distintivo, su gloria peculiar. Sus primeros años los dedica a su elaboración, su madurez a su empleo, y su vejez a aferrarse a ellos hasta el último momento. Por eso se espera de nosotros que sintamos una lástima complaciente, no libre de cierto desprecio, por aquel anciano de pueblo que, cuando le preguntaron cómo ocupaba su tiempo, respondió: «A veces me siento y pienso. Otras veces simplemente me siento». En cambio, si un monje zen hubiera dicho algo así, lo que despertaría en nosotros no sería lástima, sino nuestras más respetuosas felicitaciones, ya que este dedica toda su vida a la inmensamente difícil tarea de suprimir el pensamiento. Y es que los maestros consideran el pensamiento conceptual (incluso cualquier clase de pensamiento) como la raíz de nuestros problemas, y su cese como nuestra salvación. Lo peor es que cuanto más tratamos de detener los pensamientos, más rápido parecen surgir. Es natural, porque ahí donde hay deseo hay pensamiento, ¡especialmente cuando el deseo es dejar de pensar! Por otro lado, limitarnos simplemente a relajar la mente y dejar que se desgarre tampoco ayuda, pues esto no nos proporciona ninguna paz en absoluto. Pero entonces, ¿qué demonios *podemos* hacer?

Bien. Antes que nada, fijémonos en cuáles son los hechos. ¿Qué es y dónde se encuentra este pensamiento que ciertas autoridades consideran que es mi privilegio especial y otras mi maldición? ¿Es realmente mío, o tiene algo que ver conmigo? He de investigar esta cuestión por mí mismo. Como es obvio, no puedo delegarla en ellos.

Bueno, ciertamente se está produciendo pensamiento aquí. De hecho, el mundo entero, sin excluir esa sección del mismo que recibe el nombre de Douglas Harding, se sostiene y se mantiene unido únicamente gracias al pensamiento: su marco de apoyo, sin el cual colapsaría al instante, es esa gigantesca estructura entrelazada de percepciones y conceptos que desde el principio he estado levantando en torno a este Punto. No solo todo lo que veo, oigo, saboreo, huelo y toco, sino también todo lo que imagino, deseo o siento más íntimamente (en resumen, todas las cosas y todas las cualidades que experimento) no son más que esta gran estructura de pensamiento, adecuadamente coloreada y ornamentada, que todo lo envuelve. Cuando sus vigas y sus puntales empiezan a desmoronarse y caer a mi alrededor, ahí se va también mi propósito en la vida, mi razón de ser, y, en última instancia, mi humanidad misma.

¿Qué queda? ¿Quién es el constructor, el misterioso propietario/ocupante de este vasto mundo de pensamiento, el núcleo pensante en torno al cual se ha sido erigiendo todo, solo para que llegue un día en que se derrumbará? Precisamente porque no está ahí fuera (ahí donde se elabora su pensamiento), sino justo aquí (donde se origina), él mismo no puede ser pensado, concebido, descrito o comprendido. Solo puede ser visto, visto con total claridad. Me veo a Mí mismo con un resplandor y una viveza únicos porque este ver (y solo este ver) es simple y pura visión, despejada hasta de la más mínima niebla de pensamiento. En comparación, todo lo demás solo lo atisbo someramente a través de una densa niebla conceptual. En cuanto dejo de mirar y empiezo a pensar en Mí mismo abandono Mi lugar y, de ese modo, Me pierdo. En cambio, lo que es pensado es ese Douglas Harding de ahí fuera. Yo literalmente *carezco* de pensamientos; o mejor dicho, los pensamientos *carecen* de Mí, se producen fuera, en el exterior. Un hombre Me dice que está pensando, y así es. ¡Qué diferente de Mí mismo! Donde él se encuentra todo es pensamiento; donde Yo me encuentro nada es pensamiento.

Por muy violentamente que el huracán del pensamiento discursivo dé vueltas y más vueltas, Yo siempre soy su Ojo inmóvil y libre de pensamientos. En lugar de intentar calmar la tempestad (¡una idea de lo más ridícula!), me limito a quedarme en casa, ahí donde jamás puede penetrar ni la más suave brisa. De modo que en realidad el problema de si debo poner fin al pensamiento (y, en ese caso, cómo hacerlo) no existe. Lo único que hace falta es distinguir claramente entre Yo aquí, que soy incapaz de tener ni una solo pensamiento, y Douglas Harding ahí, que no es más que un manojo de ellos. En la medida en que ambos no estemos entremezclados y confundidos, no hay nada malo con ninguno de nosotros y no hay nada que hacer.

A Mí no me falta nada. *Ser* de forma consciente la Fuente inconsciente de todos los pensamientos aquí es *tener* los pensamientos adecuados ahí fuera, aquellos que mejor se adaptan a la ocasión porque les permitimos seguir su propio camino, sin ser en absoluto de Mi incumbencia. El universo está bien porque no hay conexión entre Yo y Mi universo hecho de pensamientos, no hay interferencia, se da una desvinculación completa y absoluta. Cualquier intromisión en sus procesos de pensamiento (ya no digamos su supresión) lo desbarataría todo. Solo he de limitarme a prestar atención a Mi Ser aquí, y lejos de que los pensamientos ahí resulten problemáticos, son precisamente los que hacen girar el mundo.

¿Cómo puede este Eje impulsar la Rueda de la Vida sin que él mismo se mueva? ¿Cómo se transmite Mi energía a Mi mundo si entre él y Yo no hay continuidad? El verdadero Eje, por supuesto, no es el eje, sino su Centro, este punto inmóvil y adimensional que es lo único que permite girar la gran Rueda; esta Brecha o esta Discontinuidad central absolutamente impotente que es el único y verdadero generador de energía. En otras palabras, es gracias a que Yo soy por siempre este Vacío perfectamente libre de pensamientos que Mi mundo, con sus infinitas riquezas, es tan espléndidamente sentido, percibido, concebido (y llevado a la existencia externa) desde aquí. Todo es indispensable (incluido Douglas Harding, sus pensamientos más discursivos, y desde luego este mismo capítulo) a pesar de que (o mejor dicho *gracias a que*) contrasta totalmente Conmigo.

Todo mi universo enteramente pensable y Mi Yo completamente impensable son en última instancia inseparables, una simple Unidad.

Capítulo 51

Confiar en un mismo

Solo Yo tengo su fuerza de convicción

He mirado aquí y he visto que soy Dios y no un hombre. Pero ¿este ver supone también creer? ¿Sé sin el más mínimo atisbo de duda, cabalmente, de principio a fin, que soy Él? Difícilmente bastaría con guiarme por lo que veo con total claridad si eso contradijese lo que siento profundamente. Si tuviese que hacer componendas y concesiones para situar de manera forzada a la Divinidad en su posición y mantenerla ahí mediante una vigilancia constante, en lugar de avanzar con suavidad y de forma natural por sus propios medios y enarbolar el estandarte de la convicción absoluta, seguiría siendo solo una idea maravillosa. Cualquier duda latente sobre si soy Él demostraría que no lo soy.

Una vez que analizo la cuestión a fondo y con total franqueza, descubro que puedo dudar de todo excepto de esta certeza suprema, de esta Convicción que hace que todas las demás convicciones parezcan meras nociones, de esta Certeza fundamental que permanece inquebrantable cuando toda opinión se hace añicos. Yo soy Él: Él soy Yo. En verdad, esto es lo único que sé. Todo lo demás no ha sido más que fantasía.

No, lo difícil no es creer en Dios, sino en el hombre. Este último es el que ha de ser fraguado, urdido, ideado, practicado y mantenido a un coste enorme en términos de fuerza de voluntad y vigilancia (y aun así, en el mejor de los casos, con un éxito solo parcial). Incapaz de soportar la tensión que supone pretender ser lo que no es, siempre tiende a regresar a lo que es, a su verdadera Naturaleza. Porque todo hombre está seguro de que es Dios; lo único que le falta es la fuerza de convicción: en realidad lo que constituye su condición humana es su miedo a la opinión pública. Un hombre es hombre porque simplemente no se atreve a tomarse a sí mismo en serio. Por lo tanto, se esfuerza, brega, lucha, traza planes con asombrosa paciencia e ingenio, para de alguna manera mantener alejado el conocimiento de su Ser, de su Yo. Desde luego que es difícil ser humano, pero extremadamente fácil ser Dios.

El hombre solo ha de relajarse ahora (como un día se relajará en la muerte) y dejar de preocuparse por lo que piense la gente para descubrir que la historia de su condición humana es pura ficción, una pretensión exterior que vale la pena mantener a cambio de un poco (¡muy poco!) de paz y tranquilidad, mientras que su verdadera actitud interior, e incluso gran parte de su comportamiento, demuestran que no se cree ni una sola palabra de todo eso. Su problema no es que no sepa perfectamente bien Quién es, sino que no se atreve a admitir (ni siquiera ante sí mismo) que lo sabe, y esta «timidez» resulta fatal. El hombre delega: es lo que los demás ven que es. En cambio, Yo no delego: soy justo lo que veo que soy Yo mismo. Yo *soy* confianza en Mí mismo, y *reto* al hombre a que se atreva a ser lo que verdaderamente es (es decir, Yo mismo).

Esto no son más que palabras vacías hasta que no se ponen a prueba en la experiencia cotidiana. Si dejo a un lado toda expectativa y pretensión, todo intento de ser bueno, modesto o respetable, ¿qué siento genuinamente en los detalles concretos de la vida diaria? El sorprendente descubrimiento que realizo es que *siempre he sentido exactamente lo contrario de lo que se suponía que debía sentir Douglas Harding.*

Mi divinidad no es nada nuevo. Empecé mi periplo rebosando confianza en Mí mismo. Cuando era muy pequeño tenía la sensación (no expresada con palabras, por supuesto, sino más bien con acciones) de que era el Centro único e incorpóreo del mundo, del Cielo mismo, perfecto y más allá de toda crítica, el legítimo dueño de todas las cosas, omnipotente, libre, inmortal. Después, mi crecimiento consistió más o menos en que los demás me explicasen que no era así, se riesen de todas esas tonterías e incluso me reprendiesen por ello. La dura lección que se suponía que debía aprender era que, después de todo, yo era solo un ser humano; que no era Dios, sino tan solo una de las innumerables cosas que Él había creado; que el mundo no era el Cielo, sino más bien un infierno en el que yo, por lo general, estaba equivocado, y siempre insatisfecho, débil, empujado de aquí para allá por personas y cosas y condenado a morir. Mi educación no consistió en expandirme hasta ser un hombre, sino en arrastrarme hacia abajo desde Mi Divinidad, en contraerme, mientras yo protestaba a voz en grito, hasta adoptar el tamaño de un hombre.

Sin embargo, en secreto seguí siendo lo que era. Como el mal alumno que era, me negué a que me redujesen al tamaño de un hombre. Incluso mi creciente uso de la palabra «Yo» proclamaba que sabía Quién era «Yo». Todo lo que hacía era en realidad una protesta contra todas las limitaciones humanas impuestas y supuestas, una afirmación tácita de la divinidad. Por ejemplo, solo gracias a que todavía era el Dueño de todo podía estar tan seguro de que poseía algo, y tan decidido a conseguir más y más, como para demostrar que no tenía límites. Solo gracias a que todavía era Omnisciente podía reconocer tan rápidamente la verdad en cuanto la oía (recordándome lo que, evidentemente, ya sabía) y estar tan ansioso por seguir aprendiendo, como si tuviera que saberlo todo. Solo gracias a que todavía era absolutamente Libre e Incondicionado podía estar tan seguro de que era responsable de todo lo que había hecho y de que, en virtud de algún milagro, había roto las inquebrantables cadenas de la herencia y entorno. Solo gracias a que todavía era Omnipotente podía tener una confianza tan absurda (a pesar de toda la evidencia en contra) de que, aunque solo fuese ligeramente, siempre estaba cambiando a voluntad el curso de hierro de los acontecimientos. Solo gracias a que todavía era el bienaventurado Uno podía estar tan seguro de mi suerte. Solo gracias a que todavía era el incomparable Uno podía seguir estando convencido de que era Central, de Mi valor infinito, de que no podía ser clasificado en absoluto con los demás. Solo gracias a que todavía era el Único podía estar siempre contento y satisfecho con este profundo aislamiento de todos los demás seres. Solo gracias a que todavía era el Inmortal podía vivir con ánimo y alegría estando bajo sentencia de muerte, en este mundo que es como una celda para los condenados. Y así sucesivamente.

Todo esto no eran solo indicios de la Divinidad esencial, sino que toda mi vida era una vívida demostración de que en realidad nunca me dejé engañar. Lo único que me quedaba por hacer era tener la más profunda fuerza de convicción humana, el arrojo y la valentía de admitir la divinidad que siempre había sentido y en base a la cual había actuado.

Epílogo

Lo que soy

En este libro, como en la vida, solo tengo un objetivo: descubrir quién o qué soy.

Haber dado por sentado que soy algo llamado Douglas Harding habría sido asumir la propia cuestión a debate y convertir la investigación en un absurdo antes siquiera de que empezara. Así pues, ya desde el principio ignoré tanto como me fue posible todo lo que había oído o imaginado sobre mí mismo, y simplemente me limité a mirar de nuevo para ver lo que fuese que había que ver y, subsecuentemente, fiarme solo de eso. Y el resultado de esta autoinspección es el descubrimiento de que soy tan diferente de Douglas Harding como es posible serlo. Soy lo opuesto a todo lo que pensaba que era. Aquí no hay ningún hombre, sino Dios mismo, justo *aquí*, en el Lugar en el que las Escrituras dicen que está.

Este descubrimiento (este ver) se confirma en la vida diaria: ninguna otra cosa funciona. También es convincente más allá de cualquier experiencia ordinaria: conlleva una convicción total. Puedo dudar prácticamente de todo lo que veo, pero no de lo que veo más claramente: esta Presencia Divina, y esta ausencia humana. Veo a Dios mucho, muchísimo más claramente aquí, que a cualquier hombre ahí.

¿Qué luz arroja esto sobre el hombre y sus terribles problemas?

Antes de lanzarse a reformar el mundo, es prudente pararse a descubrir *quién* o *qué* es ese que quiere erigirse como reformador. ¿Podemos comprender, o incluso ver con claridad, lo que observamos desde ese lugar si lo consideramos como independiente de aquello que está observando en este lugar? La situación humana siempre parece desesperada, hasta que se ve de forma consciente desde la situación divina, aquí. El Cielo no está alrededor del hombre, sino que es el hombre el que está alrededor del Cielo, y no darse cuenta de esto es el infierno. No se trata de cambiar nada, ni una sola cosa, sino de ver las cosas en su debido lugar: Dios aquí, en el Centro, y el hombre ahí, en la circunferencia, a varios metros de distancia. No es Douglas Harding quien confronta a Dios, sino Dios quien confronta a Douglas Harding con la pregunta: «¿Cómo puede ser que, según parece, me haya identificado especialmente con *eso*?». Hay que mantener a Douglas Harding fuera de este Paraíso, y, para evitar que regrese, apostar en la puerta a un ángel con la espada de fuego de doble filo de la discriminación.

Una vez que lo divino y lo humano han quedado completamente desenmarañados y separados, todo se arregla, todo cobra sentido y no hay fin para los descubrimientos, las aclaraciones y las nuevas revelaciones subsiguientes. Los capítulos precedentes solo son una muestra de lo que aguarda impacientemente (oculto solo por su obviedad y su simplicidad) a ser descubierto.

No necesitamos más práctica, ni más disciplina espiritual o mental, estudio o meditación sistemática, ni desarrollar ningún tipo de estado; lo único que hace falta es honestidad, coraje, fe y determinación: honestidad para ver lo que hay que ver sin editarlo ni modificarlo en modo alguno, coraje para tomárnoslo en serio, fe para actuar en consecuencia y determinación para seguir siendo calmada y silenciosamente Uno mismo. Entonces dejará de haber problemas.

Solo, libre y contento

Veo lo que el hombre es ahí fuera,
que concuerda con lo que el sentido común dice de él,
y es insatisfactorio.

Veo lo que Yo soy aquí,
que concuerda con lo que la religión dice de Dios,
y es satisfactorio.

Mirando dentro y fuera a la vez
veo que sea lo que sea el hombre, Dios es lo contrario,
y que nunca he sido humano,
y que también el hombre es satisfactorio

ahora que le tomo como le encuentro y donde le encuentro:
remoto, alejado del vacío que hay aquí,
contenido en la plenitud que no está ni aquí ni ahí.

Me guío por lo que veo,
por lo tanto, todo está bien,
y yo estoy solo, libre, contento y satisfecho.

www.ingramcontent.com/pod-product-compliance
Lightning Source LLC
Chambersburg PA
CBHW061446040426
42450CB00007B/1240